KB204267

숨길따라 가는 길

숨길따라 가는 길

글. 조계종 元老 岩度大師

맑은소리
맑은나라

岩度

見性成佛은 聖胎長養

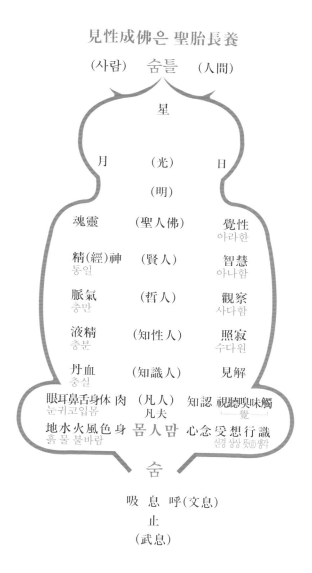

(사람)　　숨틀　　(人間)

星

月　　(光)　　日

(明)

魂靈　　(聖人佛)　　覺性
　　　　　　　　　　아라한

精(經)神　　(賢人)　　智慧
통일　　　　　　　　　아나함

脈氣　　(哲人)　　觀察
충만　　　　　　　　사다함

液精　　(知性人)　　照寂
충분　　　　　　　　수다원

丹血　　(知識人)　　見解
충실

眼耳鼻舌身体 肉　(凡人)　知認 視聽嗅味觸
눈귀코입몸　　　凡夫　　　　└─覺─┘

地水火風色 身　몸人맘　心念 受想行識
흙물불바람　　　　　　　　신경 상상 뜻알 생각

숨

吸　息　呼(文息)

止

(武息)

참으로 잘 사는 법

불교는 불佛 · 법法 · 승僧 삼보三寶에 귀의하여 자기 자신의 숨길을 닦아 숨틀을 성태장양聖胎長養하고, 우주의 근본 진리인 삼법인三法印과 사성제四聖諦를 깨달아 자기 인생의 보람을 느끼고(小乘佛教) 나아가 사회에 봉사함으로써 마침내 불국토佛國土를 건설하는(大乘佛教) 종교다.

부처님이 되는 길(佛道)은 소승적 수도과목(修道科目:三十七助道品)으로 상구보리上求菩提하여 자기완성自己完成하고, 부처님이 되신 후 걸으신 길은 대승적 수행과목(修道科目:六波羅密, 四無量心 等)으로 하화중생下化衆生하여 사회완성社會完成을 하는 것이다.

전자는 보리도菩提道에 따라 수도修道함으로써 견성見性하는 것이고 후자는 보살도菩薩道를 따라 수행修行함으로써 성불(成佛:佛國土建設)하는 것이다.

이 세상 사람들은 모두 다 잘 살기를 바란다. 잘 살기 위한 방법으로 그 직업의 종류가 백 가지, 천 가지, 만 가지가 넘는다. 그러나 불교인으로서 잘 사는 법은 원칙적으로 열 가지를 넘지 못한다.

첫째 참으로 잘 사는 법은 삼법인三法印과 인과법因果法이고 둘째 잘 사는 법은 바르게 잘 사는 법으로 팔정도八正道이며 셋째 잘 사는 법은 복스럽게 잘 사는 법으로 육바라밀六波羅密이다. 넷째 잘 사는 법은 멋지게 잘 사는 법으로 오력五力이고 다섯째 잘 사는 법은 더불어 잘 사는 법으로 육화정신六和精神이며 여섯째 잘 사는 법은 잘 먹고 잘 사는 법으로, 마음을 잘 먹고 밥을 잘 먹고 물을 잘 마시고 공기를 잘 마시고 나이를 잘 먹는 것이다. 일곱째 더불어 잘 사는 법은 자비보시慈悲布施로 화합하는 것이다. 그리하여 우리 다 같이 인류 전체의 목표인 평화와 개인의 목적인 행복을 얻어야 할 것이다.

그 가운데 나는 어떤 물건인가를 깨닫고 숨길따라 가는 길을 찾아야 한다.

불기 2566(2022)년 2월
대한불교조계종 원로의원 여산如山 암도岩度

나쁜 짓 하지 말고
좋은 일에 힘쓰며

청정한 마음으로
참사람이 되어서

모든 중생 가르쳐
불국토 이룩하자

人間의 基本要素

一切 : 五蘊　十二處　十八界　(根境識)　三十六界

一心 : 核心(本覺)　意(用心)　識(生覺)　百八번뇌

地神	水神	火神	風神	天神	精神	~六神
地氣	水氣	火氣	風氣	空氣	意氣	~六氣
地	水	火	風	空	識	~六大
色	聲	香	味	觸	法	~六境
眼	耳	鼻	舌	身	意	~六根
眼識	耳識	鼻識	舌識	身識	意識	~六識
天眼通	天耳通	他心通	宿命通	身足通	漏盡通	~六通

人間의 本性과 習性

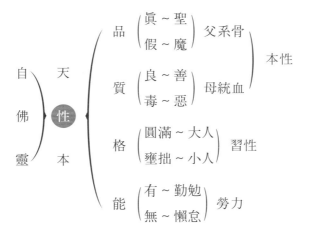

自 天
佛　性　本
靈

品 (眞 ～ 聖 / 假 ～ 魔) 父系骨
質 (良 ～ 善 / 毒 ～ 惡) 母統血   本性

格 (圓滿 ～ 大人 / 壅拙 ～ 小人)   習性
能 (有 ～ 勤勉 / 無 ～ 懶怠)   勞力

人間의 心性과 心理

一心 (한마음)

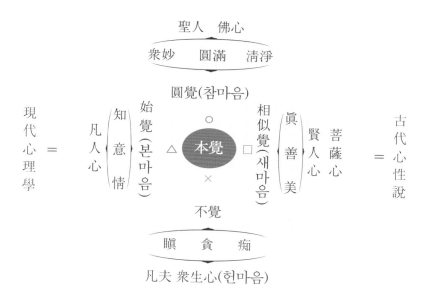

聖人　佛心

衆妙　圓滿　清淨

圓覺(참마음)

現代心理學　＝　凡人心　知意情　始覺(본마음)　○　本覺　△　×　□　相似覺(새마음)　眞善美　賢人心　菩薩心　＝　古代心性說

不覺

瞋　貪　痴

凡夫 衆生心(헌마음)

一切唯心造

人間의 基本修業(止惡作善)

止惡은 自己完成(小乘)이고 作善은 社會完成(大乘)이다.

十五惡　善業

不燃	不酒	不婬	不盜	不殺 ← 身
香	茶	正婬	正行	放生

不野語	不綺語	不惡口	不兩舌	不妄語 ← 口
敬語	實語	愛語	正語	眞言

不疑	不慢	不痴	不瞋	不貪 ← 意
信義	謙遜	智慧	慈悲	布施

造 本 遺

三業

善
惡
無記

阿 人 天
順 間 神
羅

蓄 餓 地
生 鬼 獄

人間의 基本學業(三業淸淨)

三業 karma									
몸(身)	건강	동작	행동	행위	업적	正直	持戒	淸淨	三學
맘(心)	건전	욕심	생각	뜻	정신	秩序	禪定	三昧	
숨(口)	건실	소리	말	글	문화	創造	智慧	般若	

戒定慧, 三學은 身口意, 三業을 淸淨케 한다.

나는 무엇인가?_What am I?

是三魔오(父母未生前 本來面目)其渠是라

(法性空)日月星辰(銀河界)

(般若·智慧)滅寂無虛氣 空 天地神妙有光波 玄玄(恩寵·聖寵)

体 衆妙圓滿淸淨 眞性明靈 心 意識念(思憶想) 用

十 九 八 七 六

母統血(善·良/惡·毒)質 性 品(眞·聖/假·魔)父系骨

食蟲(靈長사람/社會人間)숨틀 나我 主力 自助立 緣造化 天地 道 元亨利貞 春夏秋冬 小宇宙(時空)

智慧 觀察 照見 幻·感 靈感本始 覺 圓似 知情意(思考) 生念(憶思想)

佛·菩薩 天神 山神 信仰力 他 環境 六處 十二處 十八界 三八界 百八煩惱

三學 慧定 戒律 度 法 緣起 因果 十二緣起

十八七五三四六六四
善正覺力法聖波和攝
法道支　印諦羅敬法
　　　　　　蜜

나는 누구고 무엇이며 어떤 존재인가?

우리가 부모님에게 태어나기 전 본래의 면목面目, 그것이 이것이다. 사람은 누구나 다 자기 자신을 나我라 하고 소우주小宇宙라 한다. 우리는 시간과 공간의 묘리妙理를 따라 성태장양聖胎長養하고 심성계발心性啓發하며 진리法를 따라 자각自覺·각타覺他하자.

불교의 근본진리

삼법인(三法印)

一切皆苦 諸行無常 諸法無我 (涅槃寂靜)

사성제(四聖諦)

苦 集 滅 道

근본사상 : 緣起思想

(因緣生起 : 此有故彼有 此起故彼起)

근본정신 : 慈悲精神

(六波羅密 : 布施 持戒 忍辱 精進 禪定 智慧)

근본목적 : 離苦得樂

(解脫涅槃 到彼岸幸福 往生極樂)

근본주의 : 人本主義

근본주장 : 覺(깨달음)

차나 한잔 하게
[喫茶去]

01

하나. 차나 먹고 가게[喫茶去]

조주趙州스님이 납자衲子에게 물었다.

"전에 이 곳에 와 본 적이 있는가?"

"와 본 일이 없습니다."

"차나 먹고 가게."

또 다른 납자는 "와 본 적이 있습니다."라고 대답했다.

조주스님은 또 "차나 먹고 가게." 했다. 그것을 본 원주스님이 "화상께서는 매양 똑 같은 질문을 하시고 무슨 답을 하든 차나 먹고 가라고만 하시니 무슨 뜻으로 그렇게 말씀하십니까?" 라고 물었다. 조주스님이 "원주야!"하고 부르니 원주스님이 "예." 하고 대답을 하자 "차나 먹고 가게." 했다.

끽다喫茶란 말은 차를 먹는다는 말이다. 보통 차는 음료수飲料水 같이 마신다고 하는데 작설차雀舌茶는 씹어서 먹는다고 한

숨길따라 가는 길

다. 작설차를 먹을 때는 꼭꼭 씹어서 제대로 먹으면 연진燕津이 되어 기관지와 식도가 깨끗해져서 호흡이 건실해지고 몸이 건강하고 마음이 건전해진다. 그래서 마음공부하는 사람에게는 필수적으로 차문화茶文化가 형성되는 것이다.

차 다(茶)자를 자세히 살펴보면 풀 초(草)자의 변 밑에 나무 목(木)자다. 차나무는 분명히 나무인데 그 위의 풀같은 잎사귀를 구증구포九蒸九曝(아홉번 찌고 말림)해서 만든 것이 작설차雀舌茶(녹차綠茶)다.

풀도 아니고 나무도 아닌것이 대[竹]나무라고 하지만 나무도 되고 풀도 되는 것이 차茶 나무다.

차의 원산지는 중국의 남쪽인 광동廣東과 푸젠성이고 우리나라도 경상도, 전라도, 남해안 지역의 야산野山이다.

특히 김수로왕의 왕비인 허황후許皇后가 천축天竺에서 차나무 종자를 가지고 와서 창원 봉림사 뒷편의 백월산에 심었는데 그 차나무를 죽로다竹露茶라고 했다고 한다.

마음의 본성을 깨닫기 위한 승려들의 선정 수행에 놀라운 효과를 주기 때문에 천년이 넘게 절집의 전통이 되었고, 사회에 일반화되어 다반사茶飯事 또는 반다시飯茶時라고 해서 밥을 먹으면 꼭 의례 차를 먹는다는 말이 생겼다.

그리고 시제時祭(춘하추동春夏秋冬 사시四時)나 제사祭祀에는 꼭 차를 올리기 때문에 다례茶禮를 지낸다고 했다.

차의 종류는 색깔에 따라서 녹차綠茶, 홍차紅茶, 흑차黑茶가 있고 약으로 먹는 차는 약차藥茶, 곡차[穀茶酒], 쌀채[숭늉], 댓잎차[竹露茶] 등이 있다.

이조말 대흥사大興寺 초의선사草衣禪師는 다성茶聖이라고 불리었는데 동다송東茶頌을 짓고 차를 재배하면서 이론과 실재를 정비했다.

녹차綠茶는 재배하는 것도 중요하지만 찻잎을 따는 시기(단오端午 전후前後)를 잘 맞춰야 하고 제조해서 저장하는 방법도 봉투부터 장소에 이르기까지 청정하지 않으면 오염되기가 쉽다. 그 이유는 차 자체가 너무나 청정하기 때문이다.

마지막 깨끗한 물을 붓고 숯불에 차를 끓이는 것도 중요하지만 마실 때 너무 뜨거워도 안되고 차가워도 안된다.

차를 세 번 씹어서 마시고, 연진을 해서 침을 세 번 넘기고, 눈을 감고 숨을 내쉬면서 "이것이 어디로 부터 왔는가?"하고 묵조墨照하는 것을 잊어서는 효과가 없다.

차를 먹을 줄 모르는 사람과는 말을 하지 말라는 말이나 다도茶道라는 명구名句를 깊이 생각해 보면 감로수甘露水와 판치

생모板齒生毛의 깊은 뜻을 조금은 알 것 같다. 차를 먹으면서 쓸데없는 잡담을 하는 것은 어리석은 짓이다. 차를 먹으면서 도道에 대한 이야기를 해야만 다도茶道가 생기는 것이다.

내가 20여 년 전에 대전특구大田特區에 가서 강의(법문)를 한 적이 있다. 박사님들이 350명이라는데 그날 참석인원이 295명이라고 했다. 그런데 의자가 그렇게 생겨서 그런지 자세가 반쯤 누운 것 같고 눈이 거의 감긴 것 같아 보였다.

물론 조그마한 중이 갔으니 별로 관심이 없었을 것이다. 나도 별 재미가 없어서 첫마디를,

"요새 박사들 별 것 아닙니다." 했더니 반쯤 떠졌다.

"미국에 어떤 박사는 모기의 뒷다리와 사마귀를 연구해서 됐답니다." 했더니 눈이 크게 떠지고 허리가 펴졌다.

그래서 나는, "사람은 무엇이고 인간은 무엇이며 인생은 무엇입니까?"하고 질문을 던졌다. 그러나 아무 반응이 없어서 "사람은 만물의 영장이라 하고 고등동물이라고도 하며 생각하는 갈대라고 하지 않습니까? 인간은 사회적 동물이며 인생은 나그네의 길ㆍ고해라고 합니다." 하고 조금 있다가 "옛날에는 먹고 살기가 어려워서 인생을 고해라고 했지만 지금은 의식주衣食住가 풍부해서 잘 먹고 잘 입고 잘 자니까 지상극락

아닙니까? 요즘 사람들은 욕심이 너무 많고 사고방식이 잘못 되어 불평불만이 많은 것 같습니다."

"시간적으로 인생을 살펴보면 한없이 무상합니다. 그것은 세월이 무상하고, 하루 하루 시간이 무상하고 분초가 무상하고, 찰나 찰나가 무상하기 때문입니다. 그리고 공간적으로 이 세상 모든 존재를 깊이 살펴보면, 크고 작고 간에 속이 텅텅 비어 있고, 순간 순간 변해서 언젠가는 사라질 것들 아닙니까? 이렇게 세상을 깊이 관찰하고 조명해 보면, 걱정할 것도 없고 해탈解脫해서 열반락涅槃樂을 누릴 수가 있습니다. 제행무상諸行無常과 제법무아諸法無我를 모르면 그 인생은 일체개고一切皆苦가 되고 철저히 깨달으면 상락아정常樂我淨이 됩니다. 죽지 않고 지금 살아있는 것만 해도 천만 다행입니다. 안 그렇습니까?" 하고 고苦・집集・멸滅・도道(사성제四聖諦)와 육바라밀六波羅密(보시布施・지계持戒・인욕忍辱・정진精進・선정禪定・지혜智慧)을 설명한 다음 우리나라 구도九道의 욕문화辱文化를 좀 재미있게 설명했다.

욕[辱說]은 남의 인격을 무시하고 미워서 쓰는 모욕적인 말인데 깜짝 반가울 때 쓰는 것은 '새끼' 다.

첫째, 제주도의 대표적인 욕은 무엇인가?

내가 30여 년 전 새마을 중앙교육원에 강의를 하고 다닐 때, 제주도 새마을 분원장이 불러서 갔는데 점심 식사를 하다가 내가 속없이 제주도의 가장 큰 욕이 뭐냐고 물으니까 머뭇머뭇 하다가 할망들이 말을 잘 듣지 않는 손주들에게 하는 욕이 '몽골놈 좆으로 만든 새끼' 라고 한다는 것이다.

한참을 웃다가 갑자기 맞다는 생각이 떠 올랐다. 고려 때 원나라 병사들이 일본을 쳐들어 가기 위해서 조랑말을 가지고 제주도에 머물면서 처녀들을 싹쓰리 강탈해서 새끼들을 만들었기 때문에 그런 욕이 생긴 것 아닌가 싶었다. 그리고 제주도 큰 길 가에 많은 할아방이 옛날 몽고 할아버지들을 기념하는 것 같은 느낌이 들었다.

둘째, 전라도의 대표적인 욕은 무엇인가? 내가 전라도 사람이라 잘 아는데 '개놈 새끼' 다. 얼른 들으면 사람을 개로 취급하는 것 같아서 기분이 나쁜데 개놈은 수준 높은 말이다. 독일어로 게놈(Genom)이고 영어로 지놈은 생물의 생명 염색체다. 알고 보면 게놈새끼는 모든 동물의 근원이고 수준높은 의미가 아닌가 싶다.

셋째, 경상도의 대표적인 욕은 무엇인가? 경상도 친구들이 흔히 쓰는 욕은 '문둥이 새끼' 다. 처음 욕이 생길 때는, 서당에 갔다가 늦게 돌아오는 손주를 보고 할머니가 밉기도 하고 반가워서 문동이文童伊 새끼라고 한 것 아닌가 싶다.

넷째, 충청도의 대표적인 욕은 무엇인가? 충청도의 욕은 두 가지다. 양반들이 하는 욕과 쌍놈들이 하는 욕이 다르다. 양반들은 화가 나면 상대방을 흔히 '쌍놈의 새끼' 라 하고 쌍놈은 상대가 미우면 '염병할 놈의 새끼' 라 한다.

다섯째, 경기도의 대표적인 욕은 무엇인가? 경기도 사람들의 욕은 길어서 처음 들을 때는 잘 못 알아 듣는다. '염병 3년에 땀도 안흘리고 죽을 놈의 새끼' 라고 하니 무슨 소리인지 잘 알아들을 수가 없다. 점잖은 것 같은데 3년이나 앓다가 죽으라 하니 너무나 심한 저주가 아닌가 싶다.

여섯째, 강원도의 대표적인 욕은 무엇인가? 강원도 사람들은 순수하고 단순해서 자기 자식도 '간나 새끼' 라고 한다. 아무리 점잖은 사람들도 자기 아이를 만들 때는 갓나니 짓을 해서 만들기 때문에 '간나 새끼' 라고 하는 것 같다.

일곱째, 황해도의 대표적인 욕은 무엇인가? 황해도 사람들은 '쌍' 자를 앞에 씌워서 '쌍 간나 새끼' 라고 한다. '쌍' 은 성관계를 천박한 짓으로 간주한 것 아닌가 싶다.

숨길따라 가는 길

여덟째, 함경도의 대표적인 욕은 무엇인가? 함경도 사람들은 새끼를 종자로 보고 '종 간나 새끼'라고 한다. 사실 우리 인간도 처음 태어나서는 누구나 다 새끼다. 새끼란 말은 사실상 맞는 말이지 나쁜 말은 아니다.

아홉째, 평안도의 대표적인 욕은 무엇인가? 흔히 듣는 말로 평안도 욕은 '호랑 말로 새끼'다. 호랑말[虎狼馬]은 '호마'라고도 하는데 호랑이 같이 무섭고 코가 큰 말이다. 남자의 코가 크면 밑에 그것도 크기 때문에 여자가 아이를 만들 때 고생을 해서 그런 말이 생긴 것 같다.

어찌 됐든 우리나라 9도 욕의 꼬리는 모두 다 '새끼'다. 그리고 가장 가까운 사람들이 흔히 쓰는 말이 욕이다. 그러나 대중들 앞이나 초상집에 가서는 욕을 절대적으로 삼가해야 한다.

이상과 같이 두 시간을 재미있게 떠들었더니 저녁 공양(식사)을 하는데 어떤 박사님이 "스님, 우리 너무 무시하지 마시요."라고 하는 것이었다. 그래서 내가 "중이 어떻게 박사님들을 무시하겠소?" 하니까 "우리도 안죽는 약 발견했습니다."라고 하는 것이었다.

차나 먹고 가게[喫茶去]

"그러면 정주영씨는 안죽겠네." 하니까

"안돼요."

"왜 안됩니까?"

"시판하려면 30년 더 있어야 되요."

"그나저나 그 약의 재료가 뭐요?" 하고 물으니까,

"작설차 나뭅니다." 하기에

"맞소, 우리 중들이 식후에 꼭 먹는 차가 작설차입니다. 그리고 〈숨길따라 잘 사는 길〉을 성태장양^{聖胎長養}이라고 하는데 필수적인 차가 작설차입니다." 했더니 모두가 다 박수를 치고 웃었다.

반드시^[飯茶時] · 다반사^{茶飯事}로 차나 한 잔 마시고 잘 살아 갑시다.

나는
어떤 물건인가?

02

둘. 나는 어떤 물건인가?

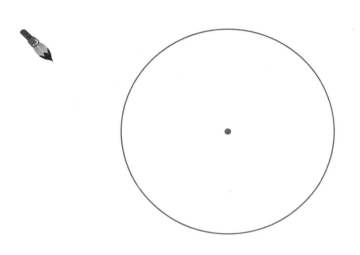

자각각타自覺覺也는 연기법緣起法이요

자성심령自性心靈은 조견공照見空하고

자연조화自然調和는 천지도天地道이며

자기완성自己完成은 양성태養聖胎로다.

사람은 누구나 다 자기 자신을 나[我]라고 한다. 나는 누구고 무엇이며 어떤 존재인가?

나는 어디로 부터 와서 어디로 가는가?(생종하처래^{生從何處來} 사향하처거^{死向何處去})

일찍이 나옹^{懶翁}스님께서, "인생은 한조각 뜬 구름이 일어난 것과 같고 죽음은 한조각 구름이 사라지는 것과 같으며 뜬 구름 자체가 실답지 못한 것 처럼 죽고 살고, 왔다가 가는 것 역시 그러하다."(생야일편부운기^{生也 一片 浮雲起} 생야일편부운멸^{死也一片 浮雲滅} 부운자체본무실^{浮雲自體本無實} 생사거래역어연^{生死去來亦如然})고 했다.

그런데 옆에 있던 누나가 "오직 한 물건이 있어 항상 홀로 나타나니 삶과 죽음에 따르지 않고 노상 그러하다.(독유일물상독로^{獨有一物常獨露} 담연불수어생사^{澹然 不隨於生死})" 라고 했다.

한 물건이란 어떤 물건인가?

선가^{禪家}에서는, "이것이 무엇인가^{是 甚麽}? 부모에게 태어나기 전 본래의 면목(부모미생전 본래면목^{父母未生前 本來面目}) 그것^{其 棄是}이라"고 했다.

그것은 한물건^{一物 : 一微塵 · 靈物}이다.

사람은 만물의 영장이라 하고 인간은 사회적 동물이라 하며 인생은 고해라고 한다.

소크라테스는 "네 자신을 알라."라고 했고, 파스칼은 "사람은 생각하는 갈대"라고 했다.

인생은 나그네,
어디서 왔다가 어디로 가는가?
아무리 생각해도 알 수가 없네.
내맘대로 버들피리 꺾어서 불고,
물따라 바람따라 살다가 가려하네.

사람이 크면 인물人物이 되고, 아주 크면 성인聖人이라 하는데 먹는 벌레[食蟲]라고도 한다. 밥 먹고, 물 먹고, 공기 먹고, 마음 먹고, 나이 먹고 살다가 가는 것이 인간이다.

사람의 구조는 몸[身]과 마음[心], 그리고 숨[息]의 삼위일체다. 밥은 한 달 안먹어도 살고 물은 일주일 먹지 않아도 살지만 공기는 10분만 마시지 못하면 죽는다. 그러면 어떻게 들숨·날숨[呼吸]을 잘 해야 오래 살 수 있을까?

나가는 숨을 길게[長出息] 숨길따라 성태장양聖胎長養을 해야 한다. 그리고 오계五戒(不殺生, 不偸盜, 不邪淫, 不妄語, 不飮酒)를 반드시 지키고 특히 담배, 술, 투전을 삼가해야 한다.

숨길따라 가는 길

자연自然은 이 세상 모든 존재의 근본 바탕이 자연환경에 따라서 태어난 인간은 자연과 더불어 살다가 자연으로 돌아가는 물건이다.

원시시대 우리 조상들은 자연을 숭배하고 천신天神(하느님)과 지신地神(산신)을 공경恭敬했는데 오늘날 못된 인간들이 자연을 정복한다고 까불다가 코로나19에게 전 세계가 당하고 있다. 우주 대자연은 무량수無量數(時間). 무량광無量光(空間)으로 우리 인간의 지능으로는 불가사의不可思議한 존재다.

태양과 지구 사이에 일어나는 광도현상光度現像의 시간과 대우주大宇宙 공간의 해와 달과 별의 역학관계力學關係로 생기는 기류氣流가 길[道]을 만든다. 일년 열두달 사시사철四時四節 기후氣候(春夏秋冬)나 하루도 열두시간 자오묘유子午卯酉나 사시四時의 기운[氣]은 모든 생명체를 좌우한다. 옛날 도사들은 천기天氣 · 지기地氣를 잘 알아서 도인導引한 분들이다.

자각自覺은 자기가 자기의 주인主人인 것을 깨닫고(자기자각自己自覺), 자기 스스로 자기를 돕는 자조정신自助精神으로 자기의 힘[自力]을 길러 자립自立하는 것이 자기완성自己完成이다.

첫째 깨달음은 지각知覺인데 지적사고知的思考 · 정적사고情的思考 · 의지적사고意志的思考로 정신적 작용이다.

둘째 깨달음은 생각生覺[念]인데 과거생각[追憶 · 記憶] · 현재생각[思考 · 思惟] · 미래생각[想想 · 理想]으로 정신세계精神世界다.

셋째 깨달음은 환각幻覺으로 꿈이나 착각錯覺이다. 꿈보다 해몽解夢이 더 중요하다.

넷째 깨달음은 감각感覺으로 안 · 이 · 비 · 설 · 신 · 의 육근六根을 통해서 시각視覺 · 청각聽覺 · 후각嗅覺 · 미각味覺 · 촉각觸覺 등이다. 특히 영감靈感으로 깨닫는 직관直觀은 실상반야實相般若로 영적세계靈的世界다.

이상 자기 자신과 우주 대자연을 깨닫는 것을 자각이라 하고 감각기관인 눈 · 귀 · 코 · 혀 · 몸 · 뜻을 육입六入 또는 육근六根이라고 한다. 육입의 대상인 육처六處(색色 · 성聲 · 향香 · 미味 · 촉觸 · 법法)를 합하여 십이처十二處라 하고 근경根境이 상대하여 생긴 안식眼識 · 이식耳識 · 비식鼻識 · 설식舌識 · 신식身識 · 의식意識을 합하여 십팔계十八界 등 타계他界라 한다. 타력신앙他力信仰은 천신天神 · 지신地神과 불佛 · 보살菩薩이 있다.

인연생기因緣生氣 하는 연기법緣起法이나 십이연기十二緣起의 근원은 삼법인三法印이다. 제행무상諸行無常과 제법무아諸法無我를 모르면 일체개고一切皆苦가 되고 알면 열반적정涅槃寂靜이 된다. 사성제四聖諦(고苦 · 집集 · 멸滅 · 도道), 오력五力(신信 · 정진精進 · 념念 · 정定 · 혜慧), 육바라밀六波羅密(보시布施 · 지계持戒 · 인욕忍辱 · 정진精進 · 선정禪定 · 지혜智慧), 칠각지七覺支(택법각지擇法覺支 · 정진각지精進覺支 · 희각지喜覺支 · 경안각지輕安覺支 · 사각지捨覺支 · 정각지定覺支 · 염각지念覺支), 팔정도八正道(정견正見 · 정사유正思惟 · 정어正語 · 정업正業 · 정명正命 · 정념正念 · 정정진正精進 · 정정正定) 등 수도생활의 진리는 수학修學과 수도修道 그리고 수행修行의 기초과목이다.

사람은 누구나 다 자기의 근본 바탕[自性]이 좋아야 한다. 본성은 자기의 창조주 아버지와 조물주 어머니를 잘 만나야 한다. 아버지의 골속 유전인자와 어머니의 피밭[血田]이 자기의 근본[自性]이 되는데 전생의 인연 따라 만나는 부모 조상이 깨끗하면 선량하고 그렇지 못하면 불량한 사람이 된다.
물건도 품질이 좋아야 하고 인간도 성품性品과 성질性質이 좋아야 훌륭한 사람이 된다. 인연따라 근기따라 사는 것이 인생, 결국은 자기의 노력이 훌륭하면 성인이 되고 그렇지 못하면 범부가 될 뿐이다.

모든 것이 마음먹기 달렸다고 하는데 마음은 크고[심령心靈]·넓고[심량心量]·깊고[심사心思]·높고[심지心志]·깨끗한 것[심성心性]이다. 마음의 본체는 심령이고 작용은 심리다. 영계와 정신세계는 한통속인데 체[體]와 용[用]이 다르다.

제팔식第八識(아뢰아식)인 마음을 중심으로 7식은 뜻[意:말나식]이고 6식은 생각[念]이며 9식은 명심明心[아말나식]이라 하고 10식은 진심眞心[흐르다야식]이라 한다. 실제적으로 명심과 진심은 영성이 계발啓發된 사람의 마음으로 불성광명佛性光明인 진공묘유眞空妙有이다.

삼천대천세계三千大千世界의 공중에는 없는 것이 없이 다 있다. 허공에는 천기와 자기가 합쳐서 공기가 가득하고 진공의 은하계銀河系 하늘에는 해·달·별이 가득 차 있고 법성공法性空 마음에는 그림자 없는 빛[靈光]이 가득하다. 시간적으로 무상無常하고 공간적으로 무아無我한 공기空氣는 빛[光]과 소리[音]로 요란하다.

사람을 생각하는 갈대나 밥벌레[식충食蟲]로 보는 것은 자신을 천시賤視하는 것이고 인간을 고등동물로 보는 것은 하시下視하는 것이며 사람을 만물의 영장이라 하는 것은 자기를 중시重視하는 것이다.

사람은 마음먹기 따라서 벌레도 되고 인물도 되며 성인이 될 수도 있다. 자작자수自作自受요 자업자득自業自得이라 모든 것이 다 자기 마음먹기 달렸으니 항상 자기 자신을 깨달아[자각自覺]서 언제나 자기가 할 일을 충실히 이행해야 한다.

나는 나를 만드는 작업의 주인공이다. 주인은 정직하고 자기의 책임과 본분을 다 할 수 있는 힘[능력能力]을 길러야 한다.

사바세계의 주인은 중생을 사랑하고 베풀어주는 [보시布施] 성인이다.

하늘과 땅 사이에 나같은 물건은 하나도 없다.

이 세상 사람은 누구나 다 그렇다. 나 자신이 진리를 깨닫고 남을 깨닫도록 하는 것은 연기법緣起法이니, 자기 자신의 본성인 심령으로 항상 공중空中을 관조해 보고, 대자연의 하늘과 땅 사이의 우주의 숨길[天地道]을 따라 자기완성을 위하여 반드시 긴 날숨으로 성태장양聖胎長養을 해야 한다.

숨길따라
가는 길

03

셋. 숨길따라 가는 길[聖胎長養]

숨통이 태胎로 시작하는 동물 가운데 사람이 가장 위대한 존재다. 그래서 사람을 '만물의 영장'이라 하고 '고등동물'이라 한다.

숨은 들숨과 날숨으로, 목숨을 이어가는 생명의 근원이다. 숨길따라 살다가 숨길이 끊어지면 죽는 것이 인생이다. 그런데 어떻게 숨을 쉬어야 잘 사는가?

사람은 누구나 다 엄마 뱃속에서 열달 동안 태식호흡胎息呼吸을 하다가 세상 밖에 나오면 탯줄이 짤리고 폐肺로 흉식호흡胸息呼吸을 한다. 그리고 사춘기가 되면 배로 숨을 쉰다.

모든 사람들이 복식호흡腹息呼吸을 하면 숨길이 강해지고 정력이 넘쳐서 자기 업력에 따라 탐貪 · 진瞋 · 치癡 삼독으로 정신세계精神世界가 혼란스럽게 된다.

눈만 뜨면 진가眞假, 유무有無, 정사正邪를 논하고 선악善惡, 시비

是非, 장단長短을 주장하며 미추美醜, 호오好惡, 취사取捨를 일삼는 범부 중생들이 진리를 깨닫기 전에는 자기 마음의 중심을 잡을 수가 없다.

요즘 사람들이 자기가 소우주小宇宙라고 하면서도 우주의 근본 진리인 연기법緣起法을 깨닫지 못하고 공중空中에 생명의 근원인 현주玄珠(올챙이 구슬)를 보지 못하며 하늘과 땅 사이의 숨길[天地道]을 이끌어 성태장양聖胎長養으로 자기완성을 할 줄 모른다.

숨길따라 잘 사는 길은 무엇보다도 심성과 심리가 좋아야 한다. 평상시 생각과 말과 행동이 좋아야 한다. 그렇지 못하면 마태魔胎[魔]가 되어 그 사람은 악마, 귀신이 된다. 재욕에 빠지면 돈귀신이 되고 밥이나 색욕에 빠지면 노상 식색거리며 명예에 빠지면 거짓말쟁이가 된다.

숨통은 포태胞胎 · 성태成胎 · 진태眞胎 · 마태魔胎로 구분할 수 있다. 몸 전체를 보면 머리가 상단上段, 몸통이 중단中段, 낭심[囊腎] 이하가 하단下段인데 뱃속을 보면 배꼽과 척추의 중간을 중단전中丹田이라 하고 배꼽 밑 세 치 이하를 하단전下丹田이라 하며 명치 밑을 상단전上丹田이라 한다.

첫째 백일간 태식호흡胎息呼吸은 하단전에 성태聖胎(復丹 : 다시 태를 이룸)를 하는데 준자오[准子午](오전 9시와 저녁 10시)에 30분씩 한다.

둘째 천일간의 학식호흡[鶴息呼吸]은 중단전[中丹田]에 성태[聖胎]를 이루는데 초자오[初子午](오전 10시와 밤 11시)에 30분씩 한다.

셋째 만일간 구식호흡[龜息呼吸]은 상단전에 성태장양을 하는데 초자오[初子午](오전 11시와 밤 11시)에 30분씩 한다.

호흡의 길이는 들숨[吸] : 멈춤[止] : 날숨[呼]을 2 : 4 : 3으로 하되 첫달은 1분간에 7~8회, 둘째 달은 5~6회, 석달째는 1~2회 하는 것이 편하고 무난하다.

가장 쉽고 좋은 호흡법은 석가모니부처님의 긴날숨[長出息]으로 수식관[數息觀]이다. 들숨과 날숨을 하나로 쳐서 하나부터 열까지 센 다음 다시 하나부터 열까지 반복하는 법과 하나부터 열까지 센다음 반대로 아홉, 여덟…… 하나가 되면 다시 올리고 내리는 법이 있고, 숨이 들고 나는 것만 집중하는 법이 있다. 부처님 당시 필추[苾芻]라는 제자가 있었는데 숫자 계산을 할 줄 모르기 때문에 부처님께서 숨이 들어갈 때는 들어가는 것만 생각하고 나갈 때는 나간다고만 생각하라고 했는데 얼마나 지극했는지 크게 깨달았다고 한다.

오늘날 의식화[意識化]된 염불[念佛]이나 송주[誦呪], 간경[看經], 간화[看話], 기도[祈禱], 절[拜] 등 지극정성으로 하면 반은 자동적으로 성

숨길따라 가는 길

태장양이 된다. 그러나 잡념이나 욕심으로 하면 잡인이 된다.

성태장양을 제대로 하면 정력이 배로 늘고 정기가 충만하여 정신이 충전해서 피부가 옥색으로 변한다. 그리고 젖꼭지 위에 좌만左卍 · 우만右卍이 생겼다 사라지고 삼처전심三處傳心 가운데 염화미소拈華微笑란 말과 같이 심장心臟이 연꽃처럼 변한다. 부처님께서 영산회상靈山會上에서 법문을 하시기 전 연꽃을 들어 보였는데 대중들은 아무런 반응이 없었으나 오직 가섭존자迦葉尊者 하나만 부처님의 가슴 속에 연꽃을 직관直觀투시透視하고 빙그레 웃으신 것이다. 그리고 항상 공부를 할 때마다 코끝을 스쳐 보고 단전에 정신을 집중하면 눈썹 위 중간 인당印堂에 백호白毫가 생기고 온 몸에 사리全身舍利가 퍼진다. 그럼에 따라 점수점오漸修漸悟로 수다원須陀洹, 사다함斯陀含, 아나함阿那含, 아라한阿羅漢이 되어 마지막 돈오돈수頓悟頓修로 확철대오廓徹大悟하면 등각等覺 · 묘각妙覺의 부처님이 된다. 일반적인 말로는 지성인이 점진적으로 철인이 되고 현인, 성인이 되는 것은 숨길따라 몸과 마음이 하나되어 인생공부가 성공한 것이다.

성태장양을 시작하기 전에 반드시 도인술導引述을 하고 끝나면 또 손목 돌리기와 발목풀기를 36회 하고 일어나야 한다. 도인술은 손바닥으로 피부를 문질러 몸의 기氣를 돌리는 것이다.

첫번째, 두 손바닥을 36회 부벼서 두 눈에 대고 눈을 부릅 뜬 다음 상하·좌우·중간·반대로 둥글게 원을 시계방향으로 돌리고 또 반대로 세번씩 한 다음 눈을 감고 서너번 문지른다. 두번째, 귀를 엄지손가락 밑 살덩어리로 밑에서 위로 36회 올리고 내리고 나서 이마와 코 양쪽, 그리고 코 밑 입술 위를 둘째 손가락으로 세번씩 문지른 다음 목 뒤, 옆, 아래 목덜미를 세번씩 문지르고 양쪽 손등과 팔등을 9회 문지른다. 세번째, 엄지손가락 두개를 구부려 등 뒤 허리를 상하로 36회 문지른다. 네번째, 남자는 손바닥으로 낭심[囊賢]을 밑에서 위로 36회 치켜 올리고 여자는 손바닥으로 젖가슴을 시계 방향과 반대 방향으로 36회 돌리고 또 전체를 36회 돌린다.

공부를 끝내고 나서는 두 팔을 들어 밑으로 내렸다가 올리고 반대로 위에서 밑으로 36회 씩 돌린 다음 두 발을 쭉 뻗고 두 손으로 발목을 잡은 뒤 발을 앞뒤로 36회 씩 밀고 당긴다.

눈 속에 흰창이 붉어지고 몸이 더우면 자시정진子時精進을 10분 쯤 줄이고, 10분 쯤 달을 보고 자기 모습을 달 속에서 보는

숨길따라 가는 길

것이 좋다. 어쩌다 자시子時를 지키지 못할 경우는 다음날 묘시卯時(오전 5시~7시)에 보충해야 한다. 반대로 눈의 흰창이 푸르고 몸이 차가우면 묘시에 15분 쯤 보충하고 또 유시酉時(오후 5시~7시)에 15분 쯤 가행정진加行精進을 하는 것이 좋다.

그리고 비가 오면서 벼락이 칠 때는 절대로 공부를 하지 말고 상가집이나 결혼식에는 가급적 가지 않는 것이 좋으며 공동묘나 큰 물가에서는 깊은 숨을 쉬지 말아야 한다.

제자나 신도를 가르칠 때 가르침을 따르지 않고 자기 주장을 하는 사람은 지도할 필요가 없다. 옛날에는 소금을 지고 물로 가라하면 무조건 가고, 소를 몰고 법당을 넘어가라 하면 사다리를 갖다 놓고 소를 미는 시늉을 했다고 한다. 그래서 행자생활을 5~6년 씩 시키고 사미계를 주었다. 60년 전 우리 때만 해도 3~4년 행자생활을 잘 해야 계를 받았다. 그런데 요즘 출가자들은 1년도 되지 않아서 사미계를 받으니 아상이 없어지지 않고 스님상(권위의식)이 높아서 무아無我가 무엇인지도 모른다. 자존심과 이기심 때문에 오늘날 화합승단和合僧團이 시끄럽기만 하다.

옛날 승려들은 화상和尙(화합을 숭상하는 승려)이라고 해서 그런지 서로 의리가 있고 정도 많았다. 그래서 임진왜란 때 10만의

승병僧兵들이 죽어서 우리나라 불교가 호국불교가 된 것이다. 오늘날 사회의 일반인들이나 승가의 승려들 반 이상이 재정적으로 풍부하다 보니까 정신세계가 퇴보한 것 같다.

기한飢寒에 발도심發道心이라 춥고 배가 고파야 수도하고 싶은 생각이 간절한 것이다.

인생은 고해라고 하지만 그런 속에서 지극정성으로 성태장양을 하면 고진감래苦盡甘來라고 전화위복轉禍爲福이 된다. 젊어서는 고생을 사서도 한다는 말이 예나 지금이나 꼭 맞는 말이다.

석가모니부처님께서는 왕실을 버리고 설산에서 6년을 고행하는 가운데 49일 단식을 하셨고 예수님도 40일을 단식하셨으며 공자님은 굶기를 밥먹듯 했다고 하는가 하면 소크라테스는 잘난 마누라때문에 밥을 제대로 얻어 먹지 못했다고 한다. 그럼에도 불구하고 역사적인 인물로 성인聖人들이 되었다.

푸른 하늘 은하수 하얀 쪽배엔
계수나무 한 나무 토끼 한 마리
돛대도 아니 달고 삿대도 없이

가기도 잘도 간다 서쪽 나라로

서쪽 나라가 어디인가? 서방정도 극락세계 아미타불이 계시는 천당 불찰이 아닌가. 천당은 석가모니부처님, 예수님, 공자님, 노자님, 소크라테스, 불, 보살님이 계시는 곳이다.

저 높은 곳을 향하여
날마다 나아갑니다.
내 부처여 내 발 붙드사
그곳에 서게 합소서.
그곳은 빛과 사랑이
언제나 넘치옵니다.

계戒 · 정定 · 혜慧, 삼학三學으로 신身 · 구口 · 의意, 삼업三業을 청정케하여 숨길따라 잘 사는 길을 닦아서 우리도 부처님 같이 확철대오하자.

숨길따라 가는 길

숨길

04

넷. 숨길

모든 동물과 식물이 생명을 보존하는 길은 숨길이다. 다시 말하면 숨길은 모든 생명의 길(道)이요, 진리(法)요, 등불(智慧)이다. 생노병사生老病死하는 사람이나 생육고사生育枯死하는 식물이나 인연생기因緣生起하는 연기법緣起法(우주의 근본진리)을 따라 생명을 유지하는 길은 바로 숨길이다.

숨길은 숨통에 따라 다르다. 우리가 엄마 자궁子宮에 있을 때는 태식호흡胎息呼吸을 하기 때문에 탯줄이 숨길이지만, 세상에 나와서는 배꼽이 잘리고 폐로 숨을 쉬기 때문에 기관지氣管支가 숨길이 된다.
또 우리는 성장하면서 배로 복식호흡腹息呼吸을 하기 때문에 횡격막橫膈膜으로 바뀌고, 의식을 단전丹田(배꼽 뒤 명문 사이)에 집중하여 단전호흡을 해서 임독맥任督脈이 열리고, 흉식호흡胸息呼吸

으로 충맥衝脈이 돌고, 뇌호흡腦呼吸으로 백회百會가 열리면 몸 전체의 피부가 열려서 모공毛孔으로 숨을 쉬게 되고 코나 입으로 숨을 쉬지 않고도 살 수가 있다. 근세에 인도의 크리슈나 무르티는 수년간 숨을 쉬지 않고도 살았다는 말이 있다.

소우주小宇宙라고 하는 인간이 세상에 태어나서 죽을 때까지 몸과 마음이 따라 가는 것 역시 숨길이다. 한평생 숨길을 따라 마음의 길이 열리면 눈길이 생기고 소리길이 열리며 말길·발길·손길·뜻길(意)이 열려 천가지 만가지 인생의 길이 열린다.

숨길이 조금만 막혀도 답답하고 끊어지면 죽는다. 사람이 잘 사는 법은 숨길이 건실해야 하고 안죽는 법은 숨길만 계속되면 영원히 살 수 있다. 그리고 생사일여生死一如한 열반涅槃의 길을 깨달으면 허극정독虛極靜篤한 극락세계極樂世界의 천당불찰天堂佛刹에 갈 수가 있다.

곽시쌍부槨示雙趺라, 부처님이 사라수娑羅樹 아래서 열반에 드실 때, 가섭존자가 관棺을 세 번 돌고 삼배三拜를 하자 곽이 열리고, 두 다리가 보였다는 것은 마지막 삼처전심三處傳心으로 생사일여^{生死一如}의 가르침이다.

내가 이 세상에 나와서 처음 숨을 쉬기 시작한 것은 83년 전(戊寅年 : 1938년 8월 25일)이다. 그런데 내 숨소리가 호랑이 우는 소리처럼 하도 요란해서 이웃집 사람들이 놀라고, 몰아쉬다가 한참을 안 쉬고, 죽었다 살았다 하는 바람에 호적에 올리지 않고, 1년 뒤에 신고한 탓에 호적상 아버지 성하일^{成夏泪}·어머니 정앵도^{鄭櫻桃} 밑으로 나 성환기^{成桓基}는 1939년 12월 30일 생이 되었다.

사람은 누구나 다 숨을 쉬면 살고 안쉬면 죽는 법^{法(진리)}인데 나의 경우는 숨길 때문에 인생의 방향이 달라지곤 했다.

어머님이 나를 가졌을 때, 내가 뱃속에서 태식호흡^{胎息呼吸}을 하는데, 목이 아파서 약방엘 갔다가 숟가락 끝을 불에 달구어 기름을 묻혀 가지고 목젖을 누른 까닭에, 내가 태어나자 마자 목쉰 소리를 했다고 한다.

그래서 나는 초등학교 3학년 때 반장이 되었다가, 이틀만에 그만 두었다. 왜냐하면 "열중 쉬어! 차렷!" 하는 구령소리가 나오지 않았기 때문이다. 목소리가 올라가면 내려오지 않고 내려가면 올라오지 않아, 노래를 잘 부르지 못해서 항상 음악

점수가 좋지 못했다. 그리고 중이 되어서도 염불을 잘 못해서 제祭를 지내지 못했다.

그럼에도 초등학교 5학년 13살 때부터 중학교를 거쳐 고등학교 1학년까지 6년 동안 조석으로 신문배달을 했다. 그 바람에 감기가 쉬어서 비색증, 축농증에 걸려 오후면 숨을 제대로 쉬지 못하고 헐떡거렸다. 그것을 보고 체육선생님이 단식을 하면 낫는다고 해서 여름방학 때 광주시 광산구 어등산 아래 절 보광사普光寺에 가서, 단식을 했다.

5일째 되던 날, 개울물 가장자리 바위 위에 누워서 하늘을 바라보니, 하늘에 구름이 모였다 흩어졌다 하는데, 갑자기 일곱 살 때 물에 빠져 죽었던 일이 생각났다. 전북 고창군 대산면 장자산 밑 해룡리에 살 때다.

한 여름에 큰 비가 온 뒤 개천에 친구들과 목욕을 갔는데 물이 깊고 사납게 흐르고 있었다. 친구들은 자기 형들에게 업혀서 개천을 건너가 모래사장 위에서 노는데, 나 혼자 언덕 위에 서 있게 되었다. 한참 있다가 나는 자신도 모르게 물에 텀벙 뛰어들었다. 그 순간 물속에 푹 빠져서 떠내려갔는데 바로 밑에 있는 소沼에 가서 의식을 잃어버렸다. 얼마를 지났는지 알 수가 없는데 의식이 살아났을 때는 소야(일본식 名) 아저씨가 언덕 위에 나를 눕혀 놓고 배를 누르고 있었다. 코와 입으로 물이 빠지는데 얼마나 아픈지 죽을 지경이었다.

나중에 알았는데 내가 죽어서 물위에 떴다 가라앉았다 하는 것을 보고 어렵게 건져냈다는 것이다. 가끔 그때 생각을 하면 내가 무슨 일을 하든지 해야 할 일(공부)이 있기 때문에 숨길이 끊어지지 않은 것 같다.

어찌 됐든 5일 만에 단식을 끝내고 저녁 공양을 한 다음 내가 속없이 주지스님께, "제행무상諸行無常이라더니 참말로 인생이 무상합니까?" 하고 물으니, "뭐라? 조그만 놈이 인생이 무상하다고? 불교는 그런 거 아냐!" 하시면서 손바닥만한 프린트 본本 천수경을 주시면서 염불이나 해보라는 것이었다.

그래서 초저녁부터 「정구업 진언」을 했다. 「수리수리 마하수리 수수리 사바하, 수리수리 마하수리 수수리 사바하, 수리수리 마하수리 수수리 사바하….」를 한없이 열중했다. 그런데 한밤중이 되어 내 몸이 갑자기 장태(처마 곁에 달린 닭집)처럼 불어나더니 금방 골방에 가득 차고, 하늘에 꽉 차는 것이었다. 그래서 마음이 한없이 기뻤는데 곧장 겁이 났다. 이러다가 내가 죽어서 하늘나라로 가는 것 아닌가 싶어서 그만 두었다.

그 뒤로 숨길이 정상이 되어 하산한 뒤 집에서 며칠 쉬었다가 전남 정성군 백양사白羊寺로 출가出家했다. 그 당시 주지는 서옹西翁 큰스님인데 만암曼庵 종정宗正 스님의 49재가 끝나자 곧바로 경상도 은해사銀海寺로 가서서 비구승단比丘僧團에 합류해 버렸다. 그 바람에 나는 정광고등학교 교장 월하月河 스님의 상좌가 되었다. 나의 불명佛名은 지행知行이었다. 새벽 4시에 일어나서 저녁 9시에 취침을 하는데, 아침저녁 예불을 하고 하루 종일 마당 쓸고 방 청소하는 것이 일과였다. 저녁 7시에서 9시까지 천수경千手經과 초발심初發心 자경문自警文을 보화寶華 스님한테 배웠다.

한번은 설선당說禪堂엘 갔는데, 어떤 노장老長 스님이, "너 이놈, 학교 졸업도 않고 왜 중이 됐냐?" 하시기에, "예, 서산대사전西山大師傳을 보고 도사道師가 되고 싶어 왔습니다." 했더니, "뭐? 쥐만한 놈이 서산대사? 그것이 그렇게 쉽다냐?" 해서 가만있으니까, "꼭 하고 싶으면 자시정진子時精進이나 해라." 하시는 것이었다.

그때 나는 자시가 무엇이고 정진이 무엇인지도 몰랐다. 그런데 자시정진이란 말이 뇌리에 박혔다. 나중에 알고 보니, 자오묘유子午卯酉 사시四時가 진시眞時로 정진精進(마음공부)하는데 가장 중요한 시간이란 것을 알았다. 일 년 세월歲月은 열두 달이고, 하루 시간時間은 열두 시간(十二時 : 子丑寅卯辰巳午未申酉戌亥)이다. 춘하추동春夏秋冬 사계절이 원형리정元亨利貞(천지만물의 생성원리)으로 일 년의 축軸이라고 하면 자오묘유子午卯酉 사시四時는 하루의 축軸으로 진시眞時고, 인신사해寅申巳亥는 술시戌時다. 축미진술丑未辰戌은 마시魔時이기 때문에 초보자는 피하는 것이 좋다.

나는 행자생활도 제대로 못하고 석 달 만에 중이 되었는데, 갑자기 배탈이 나서 속가 집으로 돌아와 14일간 밥 한술씩 먹고 잠만 잤다. 나중에 안 일이지만 백양사 석간수石間水개울물이 너무나 세서 누구나 처음 중 된 사람은 거의가 당하는 것이었다.

복학을 할 수가 없어 나는 또 신문배달을 하면서, 한 여름 저녁이면 은사(月河 : 교장선생) 스님을 찾아가 법문法門(기본교리)을 듣고 밤 12시 되기 전에 집에 오고, 오후엔 태권도 도장에 가서 운동하고, 틈만 있으면 아령과 곤봉으로 호흡법을 연마했다. 그 가운데 광주시 사직공원 입구에 있는 한국식 속기학원에

다니면서 6개월 동안 속기사 자격증을 따고, 독일어 선생님^{(박}종두)을 수시로 찾아가 소설 쓰는 법을 배워서 학원지^{學園誌}에 산문^{散文}『토끼 잡아라』를 써서 이수길 선생님의 추천으로 입선되기도 했다.

한 해를 늦춰 고등학교에 재입학을 했는데 2학년 때 친구들이 군대 가는 바람에 나 또한 따라서 지원해 갔다. 3년간 군대생활을 하면서, 자진해서 새벽에 보초를 서고, 아령과 곤봉으로 호흡법을 연마하고, 강원도 원주에 있는 1군 사령부에 가서 태권도 교육을 6개월 받아 초단을 따고, 교관 노릇도 했다.

나는 3년(36개월)만에 경기도 포천군 일동에 있는 제10병기 중대에서 제대를 하고 집에 돌아와 아버님을 따라 논을 매러 다니고, 고물상에 가서 날일을 하는데 보통 힘 드는 일이 아니었다.

매일 저녁이면 동창생들 하고 영광통에 있는 고려다방에서 만나 얘기를 하는데, 한번은 친구 하나가 내가 중 된 것을 알고, 자기는 도인^{道人}을 안다고 했다. 그 이튿날 즉시 화순군 한천면에 있는 용암사^{聳岩寺}를 찾아가 주지 천운^{天雲} 스님을 뵙고, 내가 중이 되겠다고 하니, 반가운 눈치를 하면서도, "중이 아무나 되나, 먹고 살기도 어려운데, 네 승복 맞출 광목 한 통 하고 석 달 분 식량 쌀 한 가마니를 가져와 봐라." 하는 것이었다.

나는 집에 돌아와 한 달 동안 철로 침목 교환하는 중노동을 해서 쌀 한 가마니 값과 광목 한 통을 짊어지고 용암사로 재再 출가를 했다.

그 이튿날부터 흙일을 토수(土細工) 따라 하숙칠 방 아홉 개를 고쳤다. 간식도 얻어먹지 못하고 석 달 동안 조석으로 예불하고 나서 쉴 새 없이 일을 하고 나니 영양 부족으로 황달병이 왔다. 갑자기 눈에 보이는 것마다 노랗게 보였다. 일을 하다가 배가 고프면 장독대에 가서 간장을 한 종지 먹고 물을 한 그릇씩 마시곤 했는데 몸에 기름기가 다 빠진 것이다.

저녁 예불 후에 참선을 하다가 졸면, 전생에 업業이 많아서 그렇다고, 스님한테 뒤통수를 얻어맞곤 했다.

큰 일이 거의 끝날 무렵 개울에 돌담을 쌓는데 내가 척척 잘 맞추는 것을 보고 스님께서 중생들을 그렇게 잘 제도하라고 불명佛名을 암도岩度라고 지어주시고, 4월 초8일 전날 사미계沙彌戒를 설해 주셨다.

부처님오신날 행사를 치르고 나서, 스님께서 1원 짜리 500장을 주면서 능주陵州 장에 가서 시장을 봐오라고 했다. 어린 사제師弟들 하고 십 리길을 걸어가 이것저것 물건을 샀는데, 1원 한 장이 남아서 갖다 드렸더니 내 얼굴을 빤히 들여다보시고, 빵이나 하나 사먹지 가져왔냐는 것이었다. 그 당시 어린 사제들이 다섯 명이고 항상 고시 공부하는 학생들이 서너 명, 스님과 나를 합해서 열 식구가 넘기 때문에 쌀과 부식이 모자라서 탁발을 하지 않으면 신도들 시주만 가지고는 살림살이가 어려운 형편이었다.

그 해 첫가을에 노스님(智庵 : 李鍾郁)이 오셔서 보살계菩薩戒를 설하셨는데, 신도들이 오십 리가 넘는 광주에 가서 좋은 램프를 사 가지고 왔다.
그 당시엔 전기불이 없고 호롱불로 사는 때인지라 밤이면 딴 세상 같았다. 그런데 램프가 그을음이 나서 내가 마루 위에서 청소를 하다가 폭삭 깨버렸다.
그 옆에 계시던 노스님이 모른척 하고 대밭쪽으로 가버리셨다. 나는 놀라서 크게 죄송한 마음이 들었다.
그런데 몇일 있다가 스님의 심부름으로 법당에 바쁘게 뛰어들어가다가 신발을 여기저기 벗어놓고 들어갔더니, 그것을 보셨던지 노스님께서 스님에게 나를 당장 쫓아내라는 것이었다. 하도 서운해서 내가 노스님께 물었다. "지난번 좋은 램프를 깰 때는 모른척 하시더니 신발짝 하나 실수한 것을 보고 그야단을 하십니까?" 하니 "그래, 야 이 녀석아, 램프 깬 것은 내가 말 안해도 네가 잘못을 알지만 신발을 잘못 벗은 것은 모르지 않느냐. 작은 도둑이 큰 도둑 되는거야" 하는 것이었다. 나는 크게 반성하고 잘못했다고 참회하면서 큰 절을 올렸다. 그때 노스님께서 나에게 "누구든지 모르고 실수한 것은 용서가 가능하고 자기 잘못을 인정하면 용서받게 된다. 아무리 큰 잘못이라도 다시는 않겠다고 맹세하면 용서해야 한다"는 말씀을 듣고 나는 감복했다.

1948년 제헌국회 의원을 지낸 노스님은 일제시대 조선불교 총무원장을 두번이나 하면서 동국대학교를 설립하시고 태고사太古寺(現 曹溪寺)를 건립했으며 강원도 월정사月精寺를 중창했다. 한용운 스님과 백용성 스님을 따라 독립운동을 하다가 함흥 형무소에 2년이나 감옥살이를 했는데 친일파로 몰렸다. 내가 "속없이 왜 그런 소리를 들으시냐"고 물었더니, 노스님께서 하시는 말씀이 "형무소 생활을 하고 나서 곰곰히 생각해 보니 그런 식으로는 아무리 해도 안될 것 같아서 그 당시 일본 총독의 아들처럼 친일을 하고 불사佛事를 하면서 시줏돈을 조금씩 모아 중국 상해 임시정부 의장인 김구金九 선생에게 보냈다"는 것이다.

내가 조계종 포교원장을 하면서 상임포교사인 김어수金魚水 법사의 말을 들으면 해방직후 김구 선생이 상해에서 돌아와 맨처음으로 서울 봉익동 대각사大覺寺를 찾아와 노스님을 찾았다는 것이다. 그 당시 군수나 서장을 하려면 친일을 하지 않고는 될 수가 없었다는 것이다.

어찌됐든 지암 노스님은 남의 잘못을 추궁하지 않고 자기 자랑을 하지 않는 대인이며 큰 스님이셨다.

숨길을
찾아

05

다섯. 숨길을 찾아

1964년도 말에 나는 해인사로 가고 싶어서 은사(月河)스님께 말씀을 드렸다. 그런데 스님의 말씀은 "백양사에 분규가 났으니 해결해주고 가라"는 것이었다. 그리하여 고등학교 3학년 애들 셋을 데리고 가서 그 당시 주지스님 상좌를 쫓아내 버리니 스님들이 나를 어찌나 좋아하는지 백양사에 주저 앉아 버렸다.

그해 겨울 선방(禪房)에서 수선안거(修禪安居)를 마치고, 이듬해 봄부터 고등학교 학생들이 수학여행을 오면, 2~3백 명씩 하룻밤을 재우고 조석으로 밥을 해서 먹여 보내는 밥장수를 하는데 조력을 했다. 오후 2시면 운력시간에 밭일을 하거나 가시덩쿨과 잡목을 베어다가 아궁이에 불을 지피곤 했다.

일주일이면 한번씩 강원(講院) 학인(學人)들과 세개조로 나누어 온 산을 순시하면서 숯굴을 부시곤 했다. 섣달 그믐 전에 탁발해 가지고 가인리^{加仁里} 가난한 마을 사람들에게 쌀 두되씩 나눠주고 머리깎는 기계를 사다가 어린 아이들 머리를 가끔 깎아주기도 했다. 1960년대만 해도 절이나 사회생활이 너무나 힘든 세상이었다.

거기다가 비구·대처 싸움통에 절집이 불안하고 쫓겨나는 대처승들은 비참하기 짝이 없었다. 갑자기 비오는 날 밤중에 쫓겨난 말사 스님들은 자식들과 남의 집 처마 밑에서 치를 떨었으니 얼마나 비참했겠는가. 자비문중^{慈悲門中}이 무자비한 집안이 되고 만 것이다.

나는 전라도 일대 크고 작은 절을 돌아다니면서 의분심으로 가짜 비구승^(땡패)들과 수차례 싸웠다. 한번은 순천 선암사^{仙巖寺}엘 갔는데 백명이 넘게 쳐들어 왔다. 내가 데리고 간 15명과 본방 대중 노장스님들과 어린 사미승들을 다 합쳐도 50명이 못되었다.

대웅전 법당 앞에 양쪽이 다 모였는데 우리측 기세가 너무나 약했다. 그래도 내가 상대방을 향해 누가 대장이냐고 소리를 지르니까 여러 명이 손가락으로 중앙에 키 큰 중을 가르키는데 덩치가 대단했다. 내가 웃으면서 가까이 가니까 모두가 웃는 것이었다.

1m 63cm 밖에 안되는 내가 겁없이 다가가니까 본인도 같잖은 듯 웃고 있었다. 그래 그때 전방에서 갑자기 뛰어들어 팔꿈치로 명치 급소를 쥐어박으니 벌렁 넘어졌다. 그러자 상대방 대중들이 모두 다 달아나 버렸다.

내가 스물일곱살 때, 금산사숙^{金山師叔}이 서울에서 불러 성오^{性悟}스님과 같이 갔더니 안암동 개운사^{開運寺} 위에 있는 대원암^{大圓庵}을 지켜달라는 것이었다.

전라북도 스님들과 강원도 스님들 40여 명이 모여 살았다.

그런데 염불을 잘하는 스님들과 싸움 잘하는 스님들이 서로 장기자랑을 한다고 시도 때도 없이 소리를 지르는가 하면, 아침 저녁 예불을 하고 나서 촛대공양을 한다고 촛대를 들고 서로 쑤시는 연습을 하는데 입승^{立繩}인 내 말도 듣지 않고 시끄러워 지내기가 힘들었다.

몇일 후에 태고종의^{太古宗}의 전신인 서대문 총무원에 가서 교무부장 안덕암^{安德岩} 스님께 법문^{法門}을 요청했더니 큰 스님들을 보내주셨다.

그 가운데 권상노^{権相老} 박사님이 자주 오셔서 교리강의^{教理講}

義를 재미있게 잘 해주셨다. 하루는 조계사 앞 한국관에 가서 저녁 공양을 얻어 먹는데 어찌나 재미있는 말씀을 하시는지 "너희들 혹시 장가 가거든 예쁜 여자 만나지 마라." 해서 속없이 내가 "이왕이면 미녀가 좋지 않겠습니까?" 하니 "야, 이 사람아. 안주가 좋으면 술을 많이 먹게 되는거야." 해서 모두가 웃고 말았다.

한참 있다가 내가 박사님께 물었다. "박사님은 어떻게 공부를 해서 그렇게 많이 아십니까?" 하니 "나는 별로 공부를 안 했다." "우리는 공부를 열심히 해도 잘 모르는데, 어떻게 공부를 안하고 그렇게 많이 아십니까?" 하니 "나는 보면 알아." 그래서 "아니, 우리는 외워도 잊어버리는데요." 하니까 그 대답은 하지 않고 "나는 전생에 남방南方(인도·태국·스리랑카·베트남)중인가 봐." 하셔서 찬찬히 스님을 보니 남방사람같이 키가 작고 얼굴이 넓으며 검붉은 것이었다. 무슨 글이든 보면 안다고 하는 생이지지生而知之의 뜻을 알았다.

그리고 나는 깜짝 놀랐다. 지난 겨울 결제結制 때 백양사 설선 당設禪堂 선방에서 용맹정진을 하다가 잠깐 조는데 내가 전생을 가고 또 조금 있다가 전전생을 갔다. 두번 다 법당法堂이고 큰 북과 태징 목탁과 요령이 보였다. 그러면 나는 어디 중인가? 북방계北方系(티베트 · 중국 · 몽고) 중이 아닌가 싶었다. 그러면 현생까지 삼생三生을 중노릇하는 내가 앞으로 몇 생을 더 해야 견성성불見性成佛 할 것인가? 걱정이 태산같은데 한달이 못 되어 속가집에서 예비군 소집통보가 와서 나는 핑계를 대고 내려와 버렸다.

본사(백양사)에 돌아와 설선당에서 정진精進을 하다가 한 여름 밤중에 비 바람이 몰아쳐 너무나 어두워서 선방 램프를 가지고 내가 화장실에 갔는데 칸막이 바로 옆에 하필이면 총무 석산石山 스님과 나란히 앉아서 볼 일을 봤다.

그런데 아침 공양을 하다가 잠깐 총무스님을 보니 나를 지켜보는 눈초리가 예사롭지 않았다. 아니나 다를까 공양을 마치고 총무스님 하시는 말씀이 "어제 저녁에 암도수좌가 화장실에 왔는데 신선한 선방 램프를 가지고 변소에 왔더라"는 것이다. "법당이 무엇이고 선방이 무엇인지도 모르는 사람이 수좌가 되겠는가. 선방이 제2 법당 아닌가! 아무리 아름다운 꽃이라도 똥통에 떨어지면 똥이다."고 나를 대중들 앞에서 똥을 만들어버렸다.

얼마 전 입승(慧空)스님을 통해 법사法師를 자기 앞으로 건당建

幢하라고 한 것을 거절하고 은사(月河) 스님으로 향암香庵이란 당호堂號를 받은 것이 생각났다. 그 동안 나를 추켜올리던 분이 갑자기 그러니 너무나 서운해서 곧바로 4km 떨어진 산속 운문암雲門庵으로 토굴土窟을 지어 올라갔다.

북한에서는 금강산 유점사 말사인 만폭동에 있는 마하연摩訶衍 선방禪房이 제일이고 남한에서는 전남 장성 백양사 운문암雲門庵 선방이 제일 유명했는데 6.25전쟁으로 폭삭 주저앉아서 기왓장을 들어보면 지네와 지렁이, 뱀들이 구물구물했다. 본방 큰 터는 손도 못대고 조그마한 동방장 터에 방 한칸, 부엌 하나에 지붕은 산죽으로 만들었다. 누워서 천장을 보면 별이 보였는데 비가 새지 않는 것은 참으로 다행이었다.

어느 날 하루는 저녁 공양(밥)을 하고 있는데 밖에서 내 이름을 부르는 소리가 났다. 불명佛名이 아니고 속가 이름인 '성환기成桓基'를 불러 이상한 생각이 나 문을 열고 보니 아무도 없었다. 비가 슬슬 오는데 갑자기 무서운 생각이 들어 방문 고리를 단단히 잠그고 앉았는데 더욱 겁이 나고 숨길이 막혔다.

그래서 무자無字 화두話頭를 들었으나 아무 소용이 없기에 반야심경을 큰 소리로 부르면서 공관空觀을 했다. 얼마를 했는지 알 수 없는데 새벽에 날이 샐 무렵 눈이 떠지고 무서움증이 가라 앉았다. 참 귀신을 보지도 못하고 소리만 듣고 놀랬으니 내가 너무나 초라한 생각이 들었다. 그러나 그 뒤로 겁이 좀 없어진 것 같았다.

며칠이 지나 사형師兄(靜庵)이 올라오더니 영광靈光 불갑사佛甲寺에 가짜 비구승들이 쳐들어 왔으니 가서 쫓아내자는 것이었다. 그러나 선뜻 마음이 내키지 않아 사양했다가 돌아가는 뒷모습을 보니 그냥 앉아 있을 수가 없어서 따라 나섰다.
어린 수좌들 세명 하고 정암 형과 내가 영광 불갑사엘 갔는데 열명이 넘는 쌈패 중들이 큰 방에 가득했다. "뭣 때문에 결제동안 공부는 하지 않고 남의 절을 뺏으러 왔느냐"고 물으니 서울 조계종 종단에서 주지 임명장을 받아 왔다는 것이다. 그 말이 떨어지기가 바쁘게 나는 발로 주지 선걸스님의 배를 차 버렸다. 큰 덩치가 힘 없이 자빠지자 모두 다 밖으로 나가버렸다.
그런데 며칠 있다가 영광경찰서에서 형사들이 나를 잡으러 온다는 소식이 들려왔다. 자기들끼리 돌로 새 주지의 등을

숨길따라 가는 길

밀어서 피를 나오게 한 다음 병원에 가서 3주 진단서를 만들어 가지고 고발을 했다는 것이다. 나는 그 말을 듣자마자 백양사 식구들과 산너머 차를 타고 광주 관음사로 피신을 했다.

그런데 그 이튿날 49재를 지내는데 내가 주지 옆에 앉아 있다가 뒤를 돌아다 보니 가죽잠바 입은 형사 둘이 서서 나를 지켜보고 있는 것이다. 꼼짝없이 나는 영광경찰서 유치장에 감금되고 말았다. 12월 추운 겨울 밤을 잠도 못자고 앉아서 지냈는데 아침 일과시간이 되어 간수장이라고 하는 경찰이 문을 열고 "너 성환기 아니냐?" 하는 소리를 듣고 얼굴을 들어 보니 고등학교 동창생이었다. 나는 깜짝 놀라고 창피해서 얼굴을 들지 못했다.

"야, 너 중 되었다더니 깡패가 되었구나."

"아니야. 나 …….."

"아니긴 뭐가 아니야, 3주 진단 폭행을 했는데."

나는 너무나 창피해서 말을 못하고 말았다. 3일간 영창생활을 하고 목포木浦 교도소로 넘어갔는데 속이 터져서 숨길이 막히고 나 자신이 밉고 분하고 억울해서 한숨만 저절로 나왔다.

조그마한 방에 일곱명이 사는데 나보다 작은 감방장이 중을 완전히 무시하고 죽은 닭 다루듯이 야단을 하는데 기가 막혀서 꼼짝 못하고 당했다.

15일이 지나서 금보석으로 나왔다. 나는 '어찌 해야 하나, 다시 속가집으로 돌아갈 수도 없고…' 절에 그냥 살기도 힘들 것 같아 한동안 고민을 하다가 극락전에서 일주일간 향 한자루만 꽂아놓고 관음기도를 했다. 무조건 지난 날을 참회하고 공부를 잘해서 부처님같이 될수는 없지만 도인道人이 되고자 발원을 했다.

전에도 한 여름에 영천굴靈川窟에서 일주일 용맹기도를 했고, 선운사禪雲寺 도솔암 지장전地藏殿에서 한 겨울에 7일간 용맹정근 기도를 했지만 본사 극락전에서의 3시간씩 사분정근四分精勤은 지극한 마음으로 정성을 다했다. 그 바람에 대중공사를 붙여서 79명 중 40표를 얻어서 백양사를 조계종으로 등록시켰다. 그런데 반대쪽에서 나를 절 팔아 먹었다고 야단들이었다. 하는 수 없이 68년도 서른살에 동국대학교 불교대학을 지망해 시험을 봤다. 다행히 본강생으로 세명이 붙었는데 나도 포함이 되었다.

그런데 종단의 종비생 시험을 보는데 본사에 가서 재정보증을 받아오라는 것이었다. 본사에 내려와 총무스님께 말씀을 드리니 할 수 없다는 것이다. 사찰경제가 어려워서 안된다는 것이다. 그러면 돈은 내가 알아서 할 터이니 재정보증서만 써 달라고 사정해서 겨우 종비생 시험에 들었다.

숨길따라

06

여섯. 숨길따라

68년도에 나는 큰 희망을 품고 성북동 화계사 경내에 있는 기숙사(白象院)에 갔다. 그런데 사감(月誕)스님이 입방入房이 안된다는 것이다. 왜냐하면 종비생들을 잘 가르쳐 육사생 같이 만들어 종단을 살려야 하는데 대처승 물이 들면 안되지 않겠느냐는 것이었다.

그 말에 나는 꼼짝을 못하고 화계사에서 대지극장까지 걸으면서 중되고 처음으로 눈물을 흘리다 숨길이 막혔다가 한숨이 터지곤 했다. '내가 전생에 무슨 업을 지었길래 이런 중 노릇을 할까.' 그래도 그 이튿날 백상원에 가서 월탄 사감스님에게 사정을 했다.

그러나 쉽게 승락을 하지 않아서 "스님, 당신들이 15년을 정화淨化한다고 해도 안되던 백양사를 내가 귀종歸宗시켰는데 내가 마지막 정화의 공로자 아닙니까. 그런데 내려가면 절

팔아 먹었다 하고, 올라오면 대처승 측이라고 안받아주니 나는 어떻게 해야 합니까? 우리 종단이 비구·대처 통합종단 아닙니까? 청강생은 스무명이나 받아 주면서 본강생으로 합격한 나를 어찌 무시합니까?" 하니 아무 말이 없다가 "그러면 각서를 하나 쓰시요." 해서 "아니 잘못도 없이 무슨 각서요." 하니까 "그게 아니고 한번만 잘못하면 자퇴하기로." 그래서 나는 "좋습니다." 하고 각서를 쓰고 백상원 기숙사에 입방을 했다.

그리고 자진해서 변소당번을 3년이나 하고 방학이 되면 즉시 나오지 않고 방학이 끝나기 3일전에 올라가 약속을 잘 지켰다.

사감 스님은 71년도 말에 조계종 감찰부장이 되어 12월 28일자로 나를 감찰 국장으로 끌어올렸다.

나는 종단행정에 참여하자마자 강남江南에 있는 봉은사奉恩寺 땅 문제를 감찰해야 했다. 토지 18만 8천평을 전 주지 신근일 스님이 5만평을 팔아버리고 자투리 땅을 합쳐서 10만평을 5억 3천만원에 상공부에 팔아 넘기는 바람에 절 토지는 겨우 2천 3백평 밖에 남지 않은 큰 사건이었다.

그 당시 총무원장 월산月山스님과 4부장들을 조사해 종회에 나가 발표를 하니 모두가 놀랐다.

그런데 봉은사 식구들 가운데 원두圓斗스님과 보월寶月스님이 나를 가장 싫어했다.

한번은 종단 사무실에 와서 내가 집무를 하고 있는데 두 사람이 내 머리 위에 앉는 의자를 씌워놓고 대처승 새끼한테 감찰 안받는다고 야단을 하는 것이었다. 나는 겨우 의자를 밀어 올리고 나서 화가 잔뜩 났지만 좋은 말로 원두스님에게 나가서 이야기 하자고 해 서전西殿에 있는 감찰부장 방으로 갔다.

"왜 그러냐? 종단을 위해서 사실대로 말하면 됐지. 내가 무슨 잘못을 했냐? 나 오늘 이후로 감찰국장 그만 두고 중도 그만 할란다. 너 한번 죽어 볼래? 안경 벗어라! 안 벗어? 너 죽여버리고 ……."

내 손이 바르르 떨리는데 원두스님이 안경을 벗지 못했다. 실지로 모든 것을 포기할 생각이었는데 관세음 보살님이 생각나고 영광 불갑사 사건이 머리를 스쳐 지나갔다. 그 순간 정신이 번쩍 들어서 "야, 이놈아! 더러운 자식, 나가!" 하고 끝냈다.

그 뒤로도 여러번 중앙종회에서 의견 충돌이 있었고, 동국대학교 동국선원 원장을 하게 되었는데 이성철 종정스님한테 가서 추천서를 받아 와 총장 이지관스님에게 들이미니 오녹원 이사장 스님이 긴급 이사회를 소집해 원두스님이 들어오면 동국대학이 시끄럽다고 동국선원장은 부교수 급 이상으로 한다며 이사회 회칙을 바꿔버렸다.

그리고 10.27법란 때 내가 총무원 부원장을 그만 두고 은사(天雲)스님의 소원을 풀어드리기 위해 해남 대흥사大興寺 주지로 가려고 했는데 원두스님이 또 자기에게 양보하라고 해서 못가고 말았다.

무슨 인연인지 알 수 없는 일이 한 두가지가 아니었다. 인연이란 말은 아는데 그 인연의 내용을 모르는 것이 중생들의 인연놀음이 아닌가 싶다.

그런데 지난(2019) 봄에 갑자기 원두스님으로부터 전화가 왔다. "암도스님, 미안하네. 잘 있는가? 나 때문에 종단생활 하면서 고생했지?" 나는 무슨 뜻으로 그런 말을 하는지 몰라서 "무슨 소리야?" 하니까 "내가 암도스님한테 대처승 새끼란 딱지를 잘못 붙여서 고생 많이 했지. 참 미안하네." 그래서 내가 한참 있다가 "오히려 나는 자네가 고맙네. 자네가 아니었으면 잘해야 동대 총장이나 하고 대흥사 주지로 끝났을텐데. 자네 덕분에 포교원장, 교육원장 하면서 시간이 나서 공부를 조금 했네." 하니까 목소리가 반가운 듯 했다.

그 뒤로 전라북도 장수에 있는 백용성스님의 생가인 죽림정사竹林精舍에서 여러번 만나서 과거 이야기도 하고 도담道談을 나누었다.

마음공부

07

일곱. 마음공부 [聖胎長養]

동국대학교 불교대학원에서 나는 석사학위 논문을 쓸 때 함허涵虛 득통선사得通禪師를 연구했다. 함허스님은 지공指空 · 나옹懶翁 · 무학無學 삼대화상三大和尙을 이어 조선조朝鮮朝 초기 세종대왕世宗大王의 요청으로 왕궁의 대자어찰大慈御刹에서 법을 편 고승 가운데 유일한 큰 스님이다.

그의 행장기行狀記를 보다가 도태장양道胎長養이란 글을 보고 나는 깜짝 놀랐다. 도태장양은 화엄경 십주품十住品에 나오는 성태장양聖胎長養이란 말과 같다. 부처님께서 안반수의경安般守意經에 장출식법長出息法을 설했는데, 아나파나 사티법은 수식관數息觀이다. 다시 말하면 아나는 흡식吸息(마시는 숨)이고 파나는 호식呼息(내쉬는 숨)인데, 들숨과 날숨을 하나로 계산해 의식을 집중하면서 열 까지 하다가 다시 하나 부터 헤아리는 관법觀法의 기본이다. 일반적으로는 단전호흡법丹田呼吸法이라고

도 한다.

남인도에서 중국에 오신 달마대사達磨大師 이후로 역대 조사祖師 스님들이 밀밀히 전해오는 비법秘法으로 아나파나 사티법은 숨길을 닦는 마음공부다.

광주시 관음사 신도회장인 갑자한의원 원장(양성욱)이 내 논문을 보고 함평咸平 분인 문삼식文三植 선생을 소개해서 나는 서울시 성북구 길음동 법천암法天庵에 살 때 100일 과정의 태식호흡법胎息呼吸法으로 수련을 했다.

태식법은 어머니 자궁에 있을 때 처럼 쭈그러뜨리고 앉아서 숨을 마시는 흡식吸息을 하는데는 붕어 입처럼 좁혀 가지고 4초, 멈추는 지식止息은 입을 다물고 8초, 내쉬는 호식呼息은 코로 6초 정도 하는데 배꼽 및 세 치 단전에 정신을 집중했다.

문을 잠그고 소음을 피해서 좁은 방에 햇빛이 들지 않도록 창문을 담요로 가리고, 눈을 가늘게 뜨고 하다 보면 코 끝이 보이다 말다 하다가 한쪽이 검고 반대는 희게 보이는데 잡념이 들면 순간 아무 것도 보이지 않았다.

처음 일주일은 호흡이 잘 되는지 안되는지 알수가 없더니 3주가 지나니 구름 속에서 번쩍하는 별빛이 보였다. 그리고 한달이 지나서야 초생달이 보이고 두달이 지나서 단전 부위가 꿈틀거렸다. 3개월이 지나자 보름달이 뜨고 내 모습이 거울 속에 비치 듯 분명했다.

30대 안에 선방생활을 하면서 백골관白骨觀을 할 때 보았던 모습 보다 더 선명했다.

처음 시작할 때 호흡의 길이는 1분에 5번 정도였는데 한달이 지나서 3번이고, 두달이 지나서는 2번, 석달이 지나서는 1번 정도였다. 100일 동안 일주일이면 변화가 왔고, 빠를 때는 하루 이틀 사이에도 눈앞에 나타나는 현황現況(表象)이 달랐다.

백일간 태식호흡을 하고 복단復丹이 되어 정력精力이 전 보다 배이상 오른 것 같고 판단력도 좋아졌다. 그런데 제일 조심해야 할 것이 욕심 많은 사람의 탁기를 피해야 하고, 자기 스스로 오욕五欲(財色食名壽)을 버려야 하며 적어도 오계는 지켜야 한다.

주의사항은 초상집이나 결혼식장에 가지 말고 묘소나 음침한 곳과 큰 물가에 가는 것을 삼가해야 한다.

도고마성道高魔盛(도가 높아질수록 마가 성함)이라고 해야 할까. 내 몸에서 냄새가 나는지 여자들이 덤벼들었다. 곁에 있는 상좌들과 성모행聖母行 보살이 살펴서 다행이지 알 수 없는 일이 자주 생겼다. 내가 포교(法門)하러 갔다가 오후 늦게 와서 지쳐 가지고 나무 밑 평상에 누워 있으면 어느새 여자들이 와서 팔과 다리를 주물러 주고 그것까지 주물렀다고 소문을 내는 바람에 아주 난처한 일이 있었다.

솔직히 말하면 나도 바람이 나서 여자를 따라 다닌 적은 있지만, 하루에도 서 너번씩 법문을 하고 무서운 선생 밑에서 공부를 하다보니 어려운 고비를 잘 넘긴 것 같다.

정액精液을 정기精氣로, 정신精神을 정령精靈으로 승화昇華시키지 못하고 정액을 쏟아버리면 '10년공부 하루아침에 망한다' 는 말과 같이 심령心靈이 부흥復興 할 수가 없고, 심성心性을 깨달아 견성見性할 수 가 없다.

몸과 마음이 숨길따라 하나 되어 진화하는데 몸이 발달하면 똑같이 마음도 차원이 발전하는 것이다. 정신세계의 깨달음을 추구하는 사람이 육체적인 수련修練을 도외시 한다든지 육체단련에 치우쳐 정신세계를 무시하면 마음공부는 성공할 수가 없다.

나는 백일과정을 마치고 이어서 천일과정의 학식호흡鶴息呼吸을 했다. 학식은 정좌를 하고 앉아 자시子時(밤 11시)와 오시午時

(낮 11시)에 호흡을 하는데 숨을 마셔 가지고 멈출 때 학처럼 목을 뒤로 제쳐서 세번 돌리고 내쉴 때 길게 출식^{出息}을 한다.

천일과정 중간에 현황(表象)으로 태양이 나타나고 원타^{圓陀(둥근 원 위에 찌그러짐)}가 보였다. 꿈에 봉래산 낙락장송^{落落長松}을 보고 상계^{上界(天上)}, 십이궁^{十二宮}, 열두대문(十二大門)에 해태와 농장에서 흰 옷입은 할머니들이 호미질하고 할아버지가 쟁기질 하는 것도 보았다. 그리고 미아리 고개 넘어 길음동 시장 입구 길다방에서 아침정진할 때 곰할아버지 발을 보고 도사와 공자님 그리고 예수님 또 부처님을 현황으로 보았다. 현황은 오전에 정진 할때 보이는 것이 통례였다.

그리고 천일과정의 학식을 마치고 계속 정진할 때 전날 밤 꿈에 본 것이 다음 날 현실로 나타나는 것이 신기했다. 또 한참 뒤에 일본(고무나무 뿌리)이나 미국(소녀상)에 가기 일주일 전 꿈에 본 것이 그대로 확인되기도 했다. 그래서 어려운 종단생활에 큰 실수 없이 지낸 것 같다.

숨길따라
천리길

08

여덟. 숨길따라 천리길

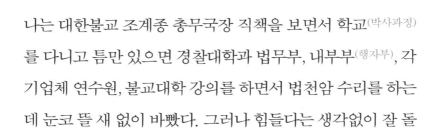

나는 대한불교 조계종 총무국장 직책을 보면서 학교^(박사과정)를 다니고 틈만 있으면 경찰대학과 법무부, 내부부^(행자부), 각 기업체 연수원, 불교대학 강의를 하면서 법천암 수리를 하는데 눈코 뜰 새 없이 바빴다. 그러나 힘들다는 생각없이 잘 돌아다녔다.

1978년도 조계종의 혼란기에 중앙종회를 두달에 한번씩 하는데 한번은 황진경스님이 긴급동의를 해 가지고 "세상에 조계종 비구종단에 아무리 사람이 없다고 인사부장에 대처승 상좌가 왠 말이요." 나를 두고 한 말이었다.

그 당시 종회의장인 정대^{正大}스님이 "암도스님, 인사문제 발언하시요." 하는 바람에 나는 한참 동안 어안이 벙벙했다.

조금 있다가 나는 정신을 차려 가지고 발언대에 나갔다. "죄송합니다. 제가 대처승 상좌가 되고 싶어서 되었겠습니까?

내 인연이 그렇게 된 것을 어떡합니까? 그래서 대처승새끼 소리 안 들으려고 더 노력하고 있습니다. 우리 종단이 비구 대처 통합종단 아닙니까. 은사는 어쩔 수 없고 법사문제는 신중히 생각해 보겠습니다." 했더니 웅성웅성하던 대중 분위기가 조용해졌다.

그때 마침 태고종(太古宗) 종회의장이 나의 은사스님인 월하(月河) 스님이었다. 나의 중노릇은 기구한 인연이었다.

종정을 중심으로 한 총무원 조계사 측과 중앙종회를 중심으로 한 개운사 측이 2년 이상 종권싸움을 하는데 나는 그 중심에 서서 곤욕을 치루었다.

오랜 분쟁통에 종정(西翁)스님이 갑자기 사표를 내버리고 제주도로 가셨다. 그러자 개운사 측에서 운허스님을 종정으로 모셨다고 전국불교 신도회장인 이후락씨(청와대 대통령 비서실장)가 사무총장과 종회의원 몇 사람들이 운허스님을 모시고 와서 인수인계를 하자는 것이다.

그러나 나는 교무부장과 재무부장 그리고 사회부장 넷이 맞서서 할 수 없다고 했다. 그러자 신도회장이 "종정스님이 새로 나왔는데, 왜 안되느냐"고 따지고 들었다.

"회장님, 종정스님이나 총무원장스님이 할 일을 제가 어떻게 합니까?" 하고 나는 할 수 없다고 했다. 그러자 신도회장이 "종정스님은 사표를 냈고, 총무원장은 병원에 계시다니 총무부장이 자동 종정 직무대행 아닙니까?" 하고 다그쳤다. 그러나 나는 "종정스님의 사표를 본 적도 없고 종정 직권으로 해산시킨 종회에서 무슨 종정을 뽑느냐"고 반박을 하고 행정은 글자 하나만 틀려도 안되는 것이라고 ㄱ자와 ㄴ자가 모양은 같지만 써 놓고 보면 다르다고 나는 무가내하無可奈何였다. 오전 10시 조금 넘어서 왔다가 12시가 다 되어 돌아갔다. 그 뒤로 "이북에 가서 김일성도 해봤는데 중을 하나 못해봤다."는 말이 들렸다. 얼마 있다가 나는 정식으로 종회의원 선거를 실시하고 물러났다.

종단분규 바람에 나는 많은 것을 보고 배웠다. 총무원 직원들이 불자이면서도 일반 사람들과 같은 습성을 보고 많이 섭섭했다. 그 당시엔 불교진흥원에서 예산을 타다가 월급을 주고 나면 일주일이 못 되어 개운사 쪽으로 갔다가, 월말이 되면 월급 타러 어색한 웃음을 띠고 오는 것을 보고, 나는 종정이나 대통령은 조직의 노예라는 것을 깨달았다.

1979년에 나는 백양사 주지를 내놓고 1980년에 교육부장을 거쳐 84년도에 총무원 부원장을 하는데 소위 12.7법란을 겪었다. 전국에 있는 중견 스님들 350여 명이 얻어 맞은 불상사였다. 그런데 나는 보안사에 끌려가지 않았다. 그래서 많은 오해를 받고 입장이 곤란해 보안사에서 출입하는 분에게 나를 좀 서빙고에 데려다가 남들이 보는 앞에서 뺨이나 한 대 때려달라고 부탁했다. 그런데 무슨 건이 있어야지, 안 된다는 것이다. 그러면 "얻어맞은 사람들이 다 잘못이 있냐"고 하니까 석 달 이상 신상조사를 해서 사회정화 차원에서 실시했다는 것이다. 그러면 "나도 조사했겠네" 하니까 물론 그렇다는 것이다. 그래서 내 것을 보여달라고 했더니 그 이튿날 대충 뽑아 왔는데, 어려서부터 현재까지 너무나도 상세해서 더 할 말이 없었다.

그 순간 종정 직무대행을 할 때 기억이 떠올랐다. 전북 고창군에 있는 선운사 선걸스님이 수표 석 장을 주면서 전남 순천에 있는 선암사 주지를 끊어달라는 것이었다. 그 돈은 종단재판(종정직무 정지 가처분)에 쓰던지, 개인이 알아 쓰던지 마음대로 하라는 것이었다.

그 당시 잠실 아파트 한 채 값이 천오백만 원이었다. 그날 밤 나는 겁이 나서 잠을 설치고, 아침 일찍 총무원에 나가서 종

무회의를 마치고 수표 석 장을 사회부장 정대스님에게 주니까 세어보더니 손가락 하나를 들어 보이는 것이었다. 내가 "왜 그래?" 하니까 한 장이 빈다는 것이다. 그래서 당장 선결스님을 불렀더니 곧장 와서 "내가 삼천만 원짜리 밖에 안 돼…….' 하고 수표를 던져버렸다.

그런데 그 이튿날 보안사 출입 담당관이 와서 "주는 돈도 못 먹으면서 싸움만 하시오?" 하는 것이었다. 나는 깜짝 놀라 "어떻게 그것을 아시오?" 했더니 "은행에서 천만 원만 나가면 즉시 따라 붙습니다." 하는 말을 듣고 얼마나 놀랐는지 잠시 숨길이 턱 내려 앉는 것 같았다.

그때 만약 욕심이 나서 돈을 챙겼다면 10.27법란 때 나는 죽사발이 되었을 것이다. 가끔 그 생각이 날 때마다 아버님께 감사를 드린다. 어렸을 때 내가 혹시라도 거짓말을 하다가 들키면 아랫도리가 피가 나도록 얻어 맞았다.

"돈이 생기면 빚을 먼저 갚아야 한다. 고름이 살 된다냐?" 하신 말씀이 지금도 귀에 선하다. 사람이 고등동물이라고 하지만 동물은 동물이다. 동물은 아무리 순해도 체벌을 가하지 않으면 나쁜 버릇을 고칠 수가 없다. 어려서부터 정직하게 양심을 살릴 수 있는 것은 뼈만 다치지 않게 매로 잡아야 한

숨길따라 가는 길

다. 어려서 우리는 학교에서 선생님한테 자주 얻어 맞고, 군대에 가서는 저녁마다 한 두차례 맞아야 잠을 잤는데, 지금 백세시대를 맞이하고 있지 않은가.

내가 처음으로 강단에 선 것은 1977년 10월 9일, 경기도 부평에 있는 경찰종합학교 캠퍼스에 있던 경찰대학이었다. 그 당시 대학총장이 이순군 학장이었는데 대단히 훌륭한 분이었다.

맨 처음 경승(警僧一號)이 된 나는 일찍이 자리잡은 경목警牧과 함께 열심히 강의를 했다.

조계사에서 점심공양을 하고 종로2가에서 전철을 타고 부평역에서 내려 10여 분을 걸어서 학교에 가면 1시 강의가 적당하게 맞았다.

첫 강의는 항상 불교의 삼대요소인 불佛(부처님 : 교주), 법法(진리 : 교리), 승僧(승가 : 교단)을 설명하고 생활의 진리인 바르게 잘 사는 법(八正道)과 복스럽게 잘 사는 법(六波羅蜜)을 가르치고 가끔 재미있게 "여러분의 밥통이 뭔지 아시요?" 하고 물으면 "국가와 국민."이라고 대답을 한다. 그러면 나는 "틀렸습니다." 전제하고 "도둑놈이 밥통 아니요? 절대로 도둑놈 때리지 마시요. 밥통 깨지면 큰일 납니다." 하면 모두 다 웃고 박수를 친다.

그런데 한참 뒤에 미국(L.A)에 갔을 때, 내가 평화사에서 잠을 자는데 밖에서 사람 죽는 소리가 나서 창문을 열고 보니 경찰관 셋이 한 사람을 방망이로 죽어라 패는 것이었다. 그래서 아침 공양(밥)을 하다가 그 말을 하니까, 주지 이헌종 사숙 師叔 스님이 미국은 그렇다는 것이다. "민주주의 나라가 인권을 무시하는 것 아니냐"고, 내가 물으니, 미국은 범법을 하면 즉시 인권이 없어진다는 것이다. 우리나라 사람들이 잘못을 하고도 인권을 주장하는 것은 잘못이라는 것을 나는 그때 깨달았다.

그런데 신기한 것은 뉴욕에 갔을 때도 그렇고 하와이 갔을 때도 일주일 전에 꿈에 본 여신상과 바다에서 본 여군을 그대로 본 것이다. 또 한참 후에 일본에서 세계불교도우의회에 참석하기 일주일 전에 꿈속에서 본 고무나무 뿌리를 그대로 확인해 본 것도 기억에 남아 있다.

어찌됐든 천리·만리길을 마다 하지 않고, 서울·경기도는 물론 대전, 대구, 부산, 전주, 광주 등 전국사찰을 찾아 다니면서 포교(法門)를 하고, 내무부(행자부) 연수원을 비롯해서 법무

부 · 체신부 · 중앙공무원 교육원 · 국방대학원 그리고 현대
건설 · 삼성 · 대우 · KBS연수원 등 연락만 오면 찾아가 불법
佛法을 선양했다.

새벽부터 오전, 오후, 저녁까지 하루에 서너 번씩 쫓아다니
면서 쉴 새 없이 바빴지만 아침 저녁으로 숨길 닦는 호흡법
은 한 시간씩 빼지 않았다.

법문(강의) 내용은 거의 생활법문이고 가끔 잘 먹고 잘 사는법
을 강설했는데, 어떻게 먹어야 잘 사는가?

첫째, 잘 벌어서 먹어야 잘산다. 그냥 얻어 먹으면 자식 말고
는 거지다.

둘째, 남의 것을 훔쳐 먹으면 안 된다. 도둑놈이다.

셋째, 도둑놈을 등쳐 먹으면 더 나쁘다.

넷째, 빌어서 먹는 성직자(승려 · 신부 · 목사)가 권위의식을
가지면 더 나쁜 상거지다.

다섯째, 나쁜 놈을 등쳐 먹는 기자는 더 못된 놈이라고 하면
모두 다 웃고 만다.

특히나 중앙공무원 교육원이나 국방대학원에 가면 첫마디
가 "공무원의 근본정신이 뭐냐"고 묻는다. 그러면 잠깐 말이
없다가 이런 저런 말이 많다.

숨길따라 천리길

"모두 다 맞는 말인데 스포츠 정신이 뭐요?"하고 물으면 공정^{公正}이라고 한다. 나라가 잘 되는 것은 공무원이 공정하게 잘 살아야 한다고 하고, 조심제일^{調心第一}법문을 많이 했다.

첫째, 조심^{調心}은 마음을 바르게 먹고 남에게 자비심^{慈悲心}을 베풀어야 하고 둘째, 조심은 자기 몸조심^(調身)인데 너무 과로해도 안 되고 편해도 안 되며 셋째, 조심은 입^(口)조심인데 할 말은 하고 안할 말은 하지 말아야 한다.

넷째, 조심은 마시고 먹는 음식^{飮食}을 조심해야 하는데 과식하거나 편식하면 안되고 자기의 양에 맞게 먹고 골고루 먹어야 하며 물은 청정하고 수시로 먹되 뜨겁거나 차면 안 되며 음양탕^{陰陽湯}이 좋다. 다섯째, 조심은 숨쉬는 것^(調息)인데 좋은 공기를 흡수하고 들숨과 날숨을 고르게 하면서 가급적 날숨을 길게 한다.

무엇이든지 해서 좋은 것도 있지만 안 해야 좋은 것이 있다. 옳은 것은 옳고 그른 것은 그르다^(是是非非) 하는 것은 좋고, 옳은 것을 그르다 하고 그른 것을 옳다^(是非非是)하는 것은 좋지 않다.

진가^{眞假}, 유무^{有無}, 정사^{正邪}, 선악^{善惡}, 시비^{是非}, 장단^{長短}, 미추^美

醜, 호오好惡, 취사取捨 이상의 진선미를 가지고 옳으니 그르니 시·비(是·非)하는 것은 싸움만 벌어지고 시간 낭비만 된다. 우리 다같이 서로 존경하고 화합해야 나라가 산다고 결론을 내리곤 했다.

한번은 중앙공무원 교육원에서 점심을 먹다가 어떤 분이, "우리도 도삽니다." 해서 내가 "무슨 도사요?" 하니까, "우리가 된다 하면 되고 안 된다 하면 안 됩니다." "진짜 그렇네. 현대판 도사구만. 나는 산중에 구닥다리 도사요." 하고 모두 다 웃었다.

내가 포교원장을 4년간 하는 동안 수많은 일이 있었지만 가끔 생각나는 것은 포교대상布教大賞을 처음으로 드리기 위해서 총무원장을 지내신 석주昔珠 큰스님을 찾아 갔더니 사양하시고 대은大隱 큰스님을 추천하는 것이었다.

강남에 있는 사자암을 찾아 갔는데 마침 계셔서 첫번째 포교대상을 받으시라고 하니 웃으면서 무언으로 고개를 끄덕여 승락하셨다. 그래 "금년에 연세가 얼마냐"고 물었더니 104세라는 것이다. 그리고 "평생 법문을 몇번이나 하셨냐"고 물었더니, 그 대답은 하시지 않고 나보고 "몇번이나 했냐"고 되물어서 "5천번은 했다"고 하니, 씩 웃으시는 것이었다. 그래서 나는 "큰스님께서는 몇번 하셨냐"고 되물었다. 그랬더니, 만번은 넘을 거라고 해서 "어떻게 그렇게 많이 하셨냐"고 하도 궁금해서 물었더니, 일제시대에 한양漢陽 출입이 금지된 것을 풀어서 전국 승려들이 서울에 모여 가지고 포교를 했는데 당신은 한용운韓龍雲 스님을 따라 불교잡지를 만들면서 틈만 있으면 경성(京城 : 서울)역에서 북쪽으로 신의주新義州하고 남쪽으로는 부산釜山까지 기차를 타고 열 다섯 칸을 바꿔가면서 전법傳法했다는 것이다. 그 말씀을 듣고 나는 기가 팍 죽고 존경심이 치솟았다.

10.27법란 뒤로 나는 더 열심히 포교에 열을 올렸다. 대한민국 생기고 처음으로 경승제도敬僧制度를 법제화法制化하기도 하고, 하루도 쉴새 없이 쫓아다니다가 마흔 아홉살에 이상 고혈압에 걸렸다. 절이나 포교당에 가면 법당마다 겨울엔 연탄난로 하고 향香을 피우기 때문에 연기 속에서 한 두시간씩 법문을 하다 보면 목이 컬컬하고 기침이 숨길을 막는 때도 있어 그런지 몸에 이상이 온 것이다. 내 앞에 포교원장을 지낸 무진장無盡藏 스님도 응급실에 갔다 온 적이 있었다.

그래도 나는 몸을 돌보지 않고 좋아서 가까운 경기도는 물론 부산, 광주, 속초 천리길을 하루에 왕복하면서 포교를 했다. 전북 고창군 대산면 회룡리(回龍里) 두메산골에서 태어난 내가 부처님 덕분에 동국대학교를 나오고 박사가 된 것을 생각하면 한없이 감사하고 또 감사해서 종단과 불교를 위해 헌신하고 싶었다.

발길을 따라 숨길이 너무나 힘들었던지 몸이 지쳤는데, 경기도 가평군 북면에 있는 대원사(大園寺) 창건주 선심화(善心華) 보살님이 아침 일찍 법천암(法天庵)엘 찾아왔다. 인천에 있는 아들에게 백만원을 얻어 가지고 와서 불사에 쓰라고 주시고 자기 절에 가자는 것이다.

선심화 보살님은 처녀 때(일제시대) 정신대에 끌려가 인체 해부하는 것을 배우고 왔는데 해방 후 돌아와 먹고 살길이 없어서 대원사 자리 굴속에서 풀뿌리를 캐 먹고 나무 열매를 따 먹으면서 기도하다가 꿈에 산신(山神)님 한테 침(針)을 하나 받은 뒤로 침보살이 되어 대원사 절을 창건하고, 서쪽으로 1킬로미터 떨어진 곳에 집을 지어 살고 있다는 것이다.

20년 동안 하루에 환자들을 열 명에서 스무 명을 점심밥을 해

먹이고 치료해 주었다는 것이다.

나는 일주일에 한 번씩 와서 석 달만 침을 맞으면 낫겠다고 해서 정각正覺 스님과 열심히 찾아다녔다. 그러나 열 달이 넘어도 낫지를 않아 곰곰이 생각해 보니까, 치료를 받을 때는 몸을 쉬어줘야 하는데 너무나 혹사해서 그런 줄 알고 석 달을 더 다녔다.

그런데 하루 저녁에 꿈을 꾸니 대원사 위에 있는 은가마골 산골짜기 개울가에 조그만 웅덩이가 보이고 다 찌그러진 플라스틱 바가지가 있어서 나는 마구잡이로 퍼먹었다. 그 말을 했더니 선심화 보살님이 점심을 먹고 나니 바로 가자는 것이다. 당신이 공부할 때 거기 은가마 골에서 많이 지냈다는 것이다.

따라가 보니 꿈에 본 그대로였다. 나는 바가지로 물을 떠서 숨을 쉬지도 않고 단숨에 배가 불룩하게 퍼마셨다. 참 희한한 일이다. 그 뒤로 숨결이 부드럽고 몸이 거뜬해졌다. (나무 아미타불 관세음 · 보살님⋯)

나는 60살에 서울 생활을 접고 본사(白羊寺)로 내려와 청량원淸涼院에 토굴土窟을 짓고 운문암 선방에서 겨울 한 철을 나고 고

불선원古佛禪院에서 두철을 났다. 처음 운문암에서 한 달 만에 코피가 터지고 혈압이 올라 죽을 지경인데, 선원장禪院長이 내려가 달라고 해서 나는 더 용맹정진을 했다.

과거 20대에는 선방생활이 자미滋味(재미)가 있었는데, 30년간 서울에서 종단생활을 하다가 갑자기 틀고 앉으니 몸이 힘들고 어려웠던 것이다. 지금 생각해보니 선방의 사분정진四分精進(寅申巳亥) 시간이 자오묘유子午卯酉 호흡법과 맞지 않은 탓이다. 다시 말하면 진시眞時와 술시戌時의 숨길이 맞지 않은 까닭이다.

숨터를
찾아

09

아홉. 숨터를 찾아

백양사 청량원에서 5년을 지내다가 담양군 담양읍 남산리 82번지에 마하무량사摩訶無量寺를 창건하고 보니, 어느새 늙어서 나는 83세가 되었다.

성모산聖母山(南山) 옥녀봉玉女峰 밑에 서서북향西西北向으로 법당을 지어놓고 보니, 북쪽 추월산 밑으로 용구산, 병풍산, 삼인산, 불태산이 담양읍을 에워싸고 그 중간에 크고 작은 야산들이 옹기종기 운치를 더했다. 풍수지리설로 말하면, 좌청룡우백호 현무 주작이 뚜렷해 처음 보는 사람도 누구나 경치가 좋다고들 한다.

내가 어려서 어른 스님들에게 자주 들은 이야기인데 "너 이놈, 공부 잘 하려면 좋은 인연터(明堂)를 얻어야 한다. 그리고 자시정진子時精進이나 해라!" 했는데 불보살님의 가피가 내린 것 같다. 부처님께서 설법을 하면 그 때마다 법사에게 수기를 내린다고 했는데 내가 잘 하는 것은 아니지만 칠천번쯤 했으니 복을 받은 것 같다. 내가 풍수지리에 관심을 갖게 된 것은 조계종 총무원, 조계사와 삼각산 밑에 청와대 자리가 큰 수맥에 걸려서 항상 시끄럽고 주인들이 맞아 죽거나 쫓겨나는 것을 보고 느낀 것이다.

오대산 월정사 적멸보궁寂滅寶宮을 비롯해 통도사 사리보궁舍利寶宮과 전국에 있는 천년 고찰의 대웅전을 보고, 또 인도의 성지 가운데 부처님이 태어난 룸비니와 붓다가야 보리수 나무 밑에서 성불한 자리를 보고 나는 풍수지리에 관심을 가질 수 밖에 없었다.

그 가운데 룸비니는 부처님의 어머니 마야부인이 출산하기 위해서 친정으로 가던 중 길에서 부처님을 낳은 자리인데, 그곳이 대명당인 줄 어떻게 2500여년 전에 알았을까? 천우신조라고 할 수 밖에 없다.

광주에 김덕령金德齡 장군이나 전북 고창에 김성수金性洙 부통령의 생가 탯자리를 보면 우리 나라의 전통인 풍수지리설을 무시하거나 오해해서는 안 된다고 본다.

몸이 건강하고 마음이 건전하며 숨길이 건실해서 수행을 잘

하려고 하면 무엇보다도 생기복덕지인 명당을 얻어야 하고 초보자는 대중처소가 좋지만 완성기에는 토굴에서 독살이 하는 것이 좋으리라 생각한다.

그리고 아무리 좋은 터라도 자기하고 맞지 않고, 너무나 기氣가 센 자리는 기량氣量을 넓힌 뒤에 들어가는 것이 좋을 것이다. 전기로 말하면 200볼트 가지고 사용하는 전자제품을 천볼트나 만볼트 선에 꽂으면 즉시 파괴되는 것을 알면 이해가 될 것이다.

부처님도 태어나자 마자 아리타阿利陀 선인이 관상을 보고 성자聖者 아니면 성군聖君이 될 것이라고 예언을 했으니, 사주四柱 관상觀象은 참고를 하되 생활풍수는 반드시 땅 잘 보는 분에게 물어보는 것이 지혜라고 생각한다.

이 세상 모든 것의 기본基本이나 기초基初, 기반基盤이란 말이 첫자가 터기(基)자인 것을 보면 잘 알수 있다.

요즘 사람들이 자기 자신을 소우주라小宇宙 하면서 시간과 공간의 묘리妙理를 모르면 공부가 안 된다. 첫째 시간에 따라 변하는 공기를 어떻게 마셔야 숨길이 잘 열리고, 둘째 어디(땅)서 잠을 자야 건강할 것인가는 반드시 알아야 한다.

숨길따라 가는 길

무엇보다도 완전한 사람(完人.聖者)이 되기 위해서 수도하는 사람이 꼭 알아야 할 것은 숨틀의 구조와 숨길의 묘리妙理를 체득해 육체적 발달發達과 정신적 발전發展을 도모해야 한다. 그래야만 인간의 심성心性과 심리心理를 깨닫고 본성本性과 습성習性을 계발啓發 할 수 가 있다.

사람을 얕잡아서 식충食蟲(밥먹는 벌레)이라고 하는데 자세히 살펴보면 숨틀(숨 쉬는 기계)이다. 그리고 더 깊이 분석해 보면 인간의 구조는 몸, 맘, 숨으로 삼위일체다.

몸의 요소는 지수화풍地水火風 사대색四大色이고 마음의 작용은 수상행식受想行識 사대심四大心이며 숨(息)은 흡지호吸止呼 삼대식三大息이다.

그리고 들숨과 날숨을 부드럽게 하는 것은 문식文息(자연호흡)이라 하고, 나가는 숨을 길게 하는 것은 장출식長出息이라 하며 들숨을 입으로, 날숨을 코로, 단전丹田에 멈춤을 강력히 하는 것을 무식武息이라 한다.

숨을 폐로 쉬는 것은 흉식胸息이라 하고 배로 하면 복식腹息이라 하며 단전을 개발하면 단전호흡丹田呼吸이라 한다. 또 몸 전체의 피부로 숨을 쉬는 것은 모공호흡毛孔呼吸이다.

숨터를 찾아

근래에 인도의 성자(聖者)인 크리슈나무르티가 코와 입으로 숨을 쉬지 않고 몇년을 지냈다는데 모공호흡이 아닌가 싶다.

숨길이 열리면 숨틀(몸 : 色身)이 발달하는데 눈, 귀, 코, 혀, 몸(六根)의 감각기관이 완전해지고 마음이 발전하면 시각, 청각, 후각, 미각, 촉각, 의식(認知) 이 완성되어 보통사람(凡人)이 된다.

그리고 정신통일이 되고 신경이 예민해 관찰력이 좋으면 철인(哲人), 지혜가 생기면 현인(賢人)이 되며 영성(靈性)과 심성(心性)이 하나되어 밝고 빛이 나면 우주의 근본진리(緣起法)를 깨달아 부처(佛, 聖者)가 된다.

다시 말하면 숨길이 다 열리고 숨틀이 완전해지면 그 사람은 성자(聖者(完人))가 되는 것이다. 수다원(知性人), 사다함(哲人), 아나함(賢人), 아라한(聖人), 사과(四果)를 얻기 위하여 삭발을 하고, 계(戒)를 받아서 재색식명수(財色食名睡) 오욕(五欲)을 버리고 숨길(聖胎長養)을 닦아 견성성불(見性成佛)하는 것이다.

남자 입장에서 사회생활 하는데 있어서는 재산과 여자가 필수 조건이지만 수도생활 하는데는 독사보다 더 무서운 재앙이라고 했다.

부처님께서 마지막 부탁이 일하지 말고 여자를 바르게 보지 말라고 했다 한다. 그런데 나는 어려서부터 가난했기 때문에 고학 한다고 초등학교 5학년(13살) 때 부터 고등학교 1학년 까지 6년을 조석으로 신문배달을 하고, 출가해서도 가끔 탁발하고 절을 서울에 두 채(법천암, 삼원사), 백양사에 두 채(청량원, 가인암), 담양에 한 채(마하무량사)를 지으면서 40년을 넘게 포교한다고 법문을 7천ㄷ「번을 넘게 했으니 나 자신을 내가 멍청이라고 생각할 때가 있다. 그러나 부모님 덕에 몸이 건강하고 불보살님의 가호로 숨길을 닦은 것이 큰 다행이라고 생각한다.

한번은 수원에 있는 보훈처에서 법문(강의) 요청이 와서 갔더니 상이군인傷痍軍人 마누라들이 350명이나 모여 있었다. 교무부장이 좀 즐겁게 한을 풀어주라고 해서 나는 속없이 재미있게 떠들었다.

"이 세상에 제일 중요한 것이 뭐요?" 하고 물으니까 아무 대답이 없었다. 그래서 내가 "뭐니뭐니해도 모니가 아닙니까?" 했더니 고개를 끄덕끄덕 했다. "모니 중에는 무슨 모니가 제일입니까? 모니 중에는 석가모니가 제일 아닙니까?" 했더니 모두 박수를 치고 웃었다.

그래 가지고 재미있게 멋지게 잘 사는 법(五力 : 信, 進, 念, 定, 慧)을 두시간 퍼부었더니, 박수 소리와 웃음 소리가 요란하게 '오빠부대' 를 만들어 재미있게 끝냈다.

그런데 저녁에 절에 돌아와 보니 내 몸에 정기가 다 빠져서 어깨가 축 처지고 일주일간 숨길이 힘이 들었다. 전에 부처님오신날 봉축식을 여의도 5.16광장에서 백만명을 상대로 법문했을 때는 3일 후에 회복이 되었는데……. 결국 여자를 바르게 보지 말라는 부처님 말씀을 크게 깨달았다. 신진대사를 한다고 꼭 성관계를 하거나, 자위행위나 몽색을 해야만 정기가 빠지는 것이 아니다. 남자는 지출형이고 여자는 수입형이라는 음양의 원리를 조금은 알게 되었다.

우리는 누구나 일체유심조一切唯心造라, 이 세상 모든 것이 오직 마음먹기 달렸다고 하면서도 실지 마음이 무엇인지는 잘 모른다. 그리고 마음을 잘 쓰지도 못한다.

알기 쉽게 말하면, 마음은 범어로 마하 옴(大宇宙網)인데 영어로도 마하인드라(maha indra)를 줄여서 마인드(mind)라고 한다.

우리 말로 '마음이 크다' 고 하는 것은 심령心靈을 말하고, 마음이 넓다고 하는 것은 심량心量(雅量)을 뜻하며 마음이 깊다고 하는 것은 심사心思, 생각이 깊다는 뜻이다.

마음이 높다는 말은 잘 안쓰는데 심지心志, 뜻이 높다는 말이고 마음이 깨끗하다는 말은 심성心性을 뜻한다. 그러나 자기 마음이 얼마나 크고 넓고 깊고 높고 깨끗한지는 사람들이 잘 모른다.

그리고 마음의 근본 핵심核心(本覺)은 확철대오 하기 전에는 알기가 어렵다.

불각不覺인 범부 중생의 헌 마음은 탐진치貪瞋癡 삼독심三毒心이고, 범인의 본 마음은 지정의知情意 삼자三者로 현대 심리학心理學에서 말하는 사고방식思考方式이며, 상사각相似覺인 현인賢人의 새 마음은 진선미眞善美로 고대 심성설心性說인데 성선설性善說과 성악설性惡說이다.

또 본각本覺인 성인聖人의 참마음은 청정淸淨, 원만圓滿, 중묘衆妙로 청정법신淸淨法身 비로자나불毗盧遮那佛이다. 청정이란 수는 -10^{22}이다.

마음의 근본(本心)을 제 8 아뢰야식阿賴耶識(藏識)이라고 하면 제9 아말라식阿摩羅識(白淨識)은 본각本覺이고 제10 흘리다야식紇利陀耶識(眞心)은 본성本性이다.

다시 말하면 인간의 근본인 심령心靈은 대일여래大日如來의 원천源泉인 해달별(日月星辰)의 빛(光)이 밝아(明)서 무명無明이 없어지고 밝은 마음(明心)과 빛나는 영(光靈)이 된다.

또 제8 아뢰야식阿賴耶識(藏識)을 마음의 본체本體로 볼 때 제7 말라식末那識(意識)은 용심用心으로 뜻(意, 志, 情)이 생긴다. 뜻에 따라 생기는 제6식六識(心相)은 생각으로 과거심過去心(記憶, 追憶)과 현재심現在心(思考, 思念), 그리고 미래심未來心(想像, 理想)이 생긴다. 생각에 따라 전오식前五識(眼識·耳識·鼻識·舌識·身識)은 감각과 지각을 통해 이 생각 저 생각 오만 가지 생각이 난다. 그래서 파스칼은 인간(숨틀)을 '생각하는 갈대' 라고 했다.

사람은 누구나 다 심성이 좋아야 하는데 본성本姓과 습성習性이 다르다. 본성은 선천적으로 본래 타고난 업業을 천성天性이라 하고 태어나서 후천적으로 길들인 것을 습성習性이라 한다. 본성을 도교는 자성自性이라 하고 불교는 불성佛性이라 하며 기독교는 영성靈聖이라 한다.

성품性品은 진품眞品과 가품假品으로 나뉘는데 아버지 계통의 골수骨髓를 따르고(父系骨), 성질性質은 양질良質과 독질毒質로 구분하는데 어머니 계통의 혈통血統을 따른다.(母系血) 진품은 성인聖人이 되고 가품은 마귀魔鬼가 된다.

또 성격性格이 원만圓滿한 사람이 있고 옹졸壅拙한 사람이 있는데 원만한 사람은 대인大人이 되고 옹졸한 사람은 소인배小人

輩가 된다.

이상의 성품과 성질은 본성本姓이라 하고 성격性格은 습성習性이라 한다.

결국 성능性能은 본인의 노력에 따라, 근면勤勉하면 유능有能한 사람이 되고 나태懶怠하면 무능無能한 사람이 된다.

다시 말하면 인간의 성품과 성질은 선천적으로 부모에게 받아서 자기가 짓고 자기가 받는 자업자득自業自得이고, 성격과 성능은 후천적으로 자기가 짓고 자기가 받는 자작자수自作自受다.

인간의 본능本能은 신구의身口意 삼업三業으로 분류해 보면 몸은 건강하고 마음은 건전해야 하며 숨은 건실해야 한다.

몸을 움직이면 동작이 되고 동작을 계속하면 행동이 되며 행동이 무슨 짓을 하면 행위가 되는데 행위가 어떤 일을 하면 업적이 된다.

업적은 법이나 윤리 도덕을 지키고 계율이 청정해서 정직해야만 후대에 모든 사람들로부터 존경을 받는다.

마음은 지나친 욕심慾心을 버리고 좋은 생각으로 높은 뜻을 세워 정신 질서를 지키고 선정삼매禪定三昧로 이끌어야 한다.

숨은 소리를 조절해서 말을 잘 하고 말을 글로 표현하는데 있어 반야지혜般若智慧로 승화시켜 정신문화를 창조해야만 학업學業을 마칠 수가 있다.

결국 계정혜 삼학은 신구의 삼업을 청정淸淨하게 만들어 훌륭한 사람이 되게 하는 원동력(學業)이다.

신구의 삼업을 좀 더 구체적으로 살펴보면, 부모 조상으로 부터 받은 것은 유업遺業이라 하고 본인이 태어나서 지은 것은 본업本業이라 하며 다시 자식을 낳는 것은 재조업再造業이라 한다. 그리고 질적으로 좋은 업은 선업善業이라 하고 나쁜 업은 악업惡業이라 하며 이것도 저것도 아닌 업은 무기업無記業이라 한다.

업을 지으면 반드시 과보果報를 받는데 잘못 지으면 후생에 지옥地獄 · 아귀餓鬼 · 축생畜生이 되고 잘 지으면 천天 · 인人 · 아수라阿修羅가 된다.

실제實際 몸으로 살생하고 도적질 하며 간음을 하거나, 입으로 거짓말하고 이간질하며 악담이나 꾸며대는 말을 한다든지, 마음으로 욕심을 지나치게 부리거나 안 되면 화를 내는 경우는 악업이 된다.

그러나 반대로 방생放生을 하고 바른 행동을 하며 바른 성생활(正婬)을 한다든지, 참말이나 바른 말을 하고 사랑스럽고 실다운 말을 하거나 지혜智慧롭게 자비慈悲 · 보시普施를 하면 선업善業이 된다.

그런데 선업이나 악업을 짓지 않으면 무기업無記業이 되어서 쓸모없는 사람이 되고 만다. 지악止惡은 자기완성自己完成(小乘)이고 작선作善은 사회완성社會完成(大乘)이다.

마침내 계정혜 삼학으로 신구의 삼업을 청정하게 하면 모든 사람들이 생명의 길인 숨길이 열려서 건강하고 장수하며 견성성불見性成佛 하게 된다.

숨터에서

10

열. 숨터에서

내가 77세 되었을 때 갑자기 눈이 침침하고 하나가 둘로 보이다가 안보이는데 전국 불교 신도회 사무총장을 지낸 이건호 법사法師가 초청을 해서 서울 뚝섬유원지 쪽 한강 물위에 떠 있는 방생법당放生法堂을 갔다. 생각보다 훌륭한 법회를 보고 옛날 신도들을 많이 만났다. 점심공양을 하고 난 뒤에 즐겁게 다담茶談(차먹고 하는 대화)을 하는데 성문수成文樹 도사가 나를 찬찬히 보더니 "틀렸네, 아깝다." 하는 것이었다. 포교원장 시절에 조계사 총무원에서 자주 만나고 같은 성가成家라고 아주 친했다.

"뭣이 틀려?" 하고 내가 묻자, "몸집이 기울었어." 하는 것이다. 얼마 전, 절 도량에서 돌일을 하다가 무심코 큰 돌을 드는데, 몸 전체의 뼈가 '우두둑' 깨지는 소리가 났었다. 그 생각을 하니 겁이 나서, "좋은 수가 없소?" 하니까 "있지, 있어."

하길래 나는 성도사를 따라 나섰다.

그는 강남구에 있는 어떤 아파트 5층에 살고 있었다. 킥복싱 선수가 제자라는데 잘 생긴 청년을 소개해서 절을 받았다.

차 한잔 하고 조금 있다가 나는 "어떻게 하면 이 몸집을 건강하게 할 수가 있소?" 하고 물으니, "리모델링 하면 돼." 하고 당장 성도사는 나에게 옷을 벗으라는 것이다. 곧장 나는 런닝구만 입고 파자마 바람으로 서서 기다렸다.

성도사는 제자에게 "잘 모셔라." 하고 지켜보는데 제자가 "실례합니다." 하는 말을 하고 등짝을 한두번 가볍게 치더니 머리 꼭대기 부터 가슴과 배통을 샌드백 치듯이 사정없이 난타를 했다. 팔·다리·손가락·발가락까지 방바닥에 놓고 두드리고 얼굴은 코와 치아만 때리지 않고 눈통까지 두드려 눈에서 불이 번쩍번쩍 했다.

가슴이나 옆구리, 등짝이 아프다고 하면 더 강하게 난타亂打를 했다.

왜 그러느냐니까 아픈 곳은 맞으면 더 아프고 아프지 않은 곳은 때려도 아프지 않기 때문에 아픈 곳을 더 친다는 것이다. 그래서 아파도 안아픈 척 참고 있으면 어찌 아는지 더 치는 것이었다. 몸 전체를 쉬지 않고 한시간 쯤 툭탁거리고 쉬었

119

다. 주먹과 손바닥으로 툭탁툭탁 두드리는 것을 투타법投打法
이라고 했다.

지켜보고 있던 성도사는 나보고 참는 것을 보니 수도가 좀 된
것 같다고 했다. 킥복싱 제자는 땀을 흘리고 목욕탕으로 들
어갔다. 나는 숨길이 흩어지고 기가 막혀서 말이 안나오고
앉아서 퍼져버렸다.

한참 있다가 정신이 좀 나길래 내가 "이렇게 몇번이나 해야
되요?" 하고 물으니 성도사는 약간 웃는 기색을 보이더니,
"일주일에 두번씩 일년은 해야지." 해서 계산해 보니 백번을
얻어 맞아야 몸집 리모델링이 된다는 것이다.

겁도 나고 기가 막혔지만 그래도 해야겠다는 용기가 났다.
"좋습니다." 했더니 "그래, 원로스님답다." 하고 성도사는 박
수를 치는 것이었다.

그 뒤로 전남 담양에서 서울까지 세시간 반 걸리는데 왕복 일
곱시간 하고 점심 먹고 한두시간 대화를 한 다음 한시간 투
타법 수련을 했다.

그동안 젊은 상좌들 3명을 시험해 봤더니 한 두번 하고는 다
나자빠졌다. 나도 세번 정신을 잃고 숨결이 퍼진 적이 있다.
옆에 식구들이나 아는 사람들이 큰일 난다고 야단들이었다.

숨길따라 가는 길

그래도 약속한 것이기 때문에 78회 열달을 하고 끝냈다. 다행이 시력도 돌아오고 몸도 가벼워졌다.

겁을 먹고 아프다는 생각을 하면 더 아프고 아무리 아파도 포기하고 몸을 던져버리면 그만인 것을 조금은 깨달았다.

의식불명으로 죽는 것 같아도 숨길만 그치지 않으면 죽지 않는다. 마음공부(修道)하는 사람은 반드시 수련(修練(몸 단련))을 해야 한다.

수도한다고 앉아서 좌선만 하면 늙어서 척추디스크 아니면 무릎관절염이 생길 수 밖에 없다. 매일 조석으로 체조나 가벼운 운동을 하든지 1킬로미터 쯤 걷기 운동을 해서 몸을 건강하게 해야 선정(禪定)에 들고 지혜(智慧)가 나온다.

쉽게 말하면 계(戒)·정(定)·혜(慧), 삼학(三學)으로 신(身)·구(口)·의(意) 삼업(三業)을 청정하게 하면 몸 안에 사리(舍利)가 생기고 심령(心靈)이 부흥(復興)해서 마음이 밝아(明)지고 성령(聖靈)이 빛(光)이 난다.

일반적인 사리(舍利(sarira))는 보통 사람의 유골(遺骨)이고 성자(聖者)의 사리는 불사리(佛舍利(Bhgavato))라 하는데 정신과 육체의 결정체(結晶體)다.

사리의 종류는 수정같이 영롱한 영골사리(靈骨舍利)와 순수한 진신사리(眞身舍利)가 있고 오색이 찬란한 성골사리(聖骨舍利)가 있

다. 그리고 어금니 같은 치사리齒舍利와 핏빛의 혈사리血舍利가
있다.

또 신라시대 자장율사慈藏律師가 중국 오대산五臺山에서 기도해
가지고 얻어온 걸사리와 진리의 말씀을 문자로 만든 경전經
典은 문자사리文字舍利라 하며 땅에서 나온 쌀을 지사리地舍利라
한다. 심지어 어머니 아버지가 만든 아들 딸은 생사리生舍利라
고도 한다.

그러면 어떻게 해서 사리가 몸에 생겨서 나오는가?

석가모니부처님의 수행과정을 살펴보면 쉽게 알수가 있다.
2645년 전 인도의 룸비니 동산에서 4월 초8일날 태어난 부처
님은 호화찬란한 궁중생활을 버리고 생로병사生老病死하는 인
생의 고해苦海를 넘어 해탈解脫 · 열반涅槃에 들기 위하여 출가
했다. 6년 동안 히말라야 산 속에서 수도하면서 49일 단식을
했는데 몸속에서 탁기濁氣가 다 빠지고, 몸에 순수한 우주 에
너지를 가득 채우고, 붓다가야 보리수나무 밑에서 12월 8일
날 새벽에 샛별을 보고 우주의 근본진리緣起法를 깨닫고 49
년간 중생들을 위하여 설법하시다가, 쿠시나가라 사라쌍수
밑에서 열반하시어 화장火葬을 했는데 사리가 8섬 8말이 나왔

다.

만물의 영장靈長인 우리 인간의 육체적 발달과 정신적 발전에 따라 영혼과 심성이 하나로 계발啓發되어 몸 안에 고열이 생기면서 사리가 자리잡아 전신으로 퍼지는 것이다. 다시 말하면 우리 인간의 몸이 성장하면서 사춘기思春期가 넘으면 혈액血液이 정액精液으로 변하고 정기精氣가 충만하면 정신精神 에너지가 충천衝天해서 심령心靈이 부흥復興한다. 따라서 마음이 지견知見이 생기면 관조觀照하게 되고 지혜智慧가 넘치면 견성성불見性成佛하게 된다.

일반적인 말로는 범부가 지식인知識人이 되고 상승하여 지성인知性人, 철인哲人, 현인賢人, 성인聖人이 되는 것은 몸과 마음이 하나되는 숨길을 찾아서 장출식법長出息法으로 성태장양聖胎長養을 해야 한다.

성태장양은 어머니 뱃속에서 하던 태식호흡胎息呼吸으로 백일百日 간 복단復丹(단전회복)해 가지고 천일千日 간 성태聖胎를 만드는데 철저히 시간을 맞춰 사분정진四分精進(子·午·卯·酉時)을 하면서 반드시 오계五戒(不殺生, 不偸盜, 不邪淫, 不妄語, 不飮酒)를 지켜야 한다. 살생하고 도적질하며 성행위나 거짓말 하고 술을 먹으면 마태魔胎가 된다. 성태장양으로 인간이 만든 성골사리聖骨

사리^{舍利}는 이 세상 최고의 성보^{聖寶}다.

과거·현재·미래로 돌고 도는 육도윤회^{六道輪廻}를 벗어나 해탈하여 열반에 들면 우리도 부처님 같이 성자가 될 수 있다. 그러나 범부 중생들은 탐^貪·진^瞋·치^痴 삼독심^{三毒心}으로 번뇌망상^{煩惱妄想}을 하는 바람에 허송 세월하고 가는 것이다.

어찌됐든 2565년 동안 신앙의 대상으로만 여기고 신비에 가려진 석가모니부처님의 진신사리를 분석해서 우리가 직접 볼 수 있게 된 것은 이 시대의 요구며 현대과학의 위대한 힘이고 승리다.

오색사리와 혈사리 속에 가사^{袈裟}처럼 논·밭 무늬가 있는 것을 발견하고 분석하던 박사님들도 놀랐다는 말을 들으면, 우리 부처님께서 다시 부활한 것이다.

일즉일체다즉일^{一卽一切多卽一}이요, 일미진중함시방^{一微塵中含十方}이라. 겉으로 볼 때, 한 물건이 모든 것(^{森羅萬象})과 일체가 되어 있고 모든 것이 다 하나와 같이 연결되어 있으며 속으로 볼 때 하나의 적은 티끌 속에도 시방세계^{十方世界}가 들어 있다는 것이다.

대한민국 과학기술원 특수 분석센터 팀장 안재평님과 연구원들께 감사한 말씀을 드리고 혜원^{慧圓} 스님의 인연공덕을 높

사리[舍利]는 이 세상 최고의 성보[聖寶]다.

과거·현재·미래로 돌고 도는 육도윤회[六道輪廻]를 벗어나 해탈하여 열반에 들면 우리도 부처님 같이 성자가 될 수 있다. 그러나 범부 중생들은 탐[貪]·진[瞋]·치[痴] 삼독심[三毒心]으로 번뇌망상[煩惱妄想]을 하는 바람에 허송 세월하고 가는 것이다.

어찌됐든 2565년 동안 신앙의 대상으로만 여기고 신비에 가려진 석가모니부처님의 진신사리를 분석해서 우리가 직접 볼 수 있게 된 것은 이 시대의 요구며 현대과학의 위대한 힘이고 승리다.

오색사리와 혈사리 속에 가사[袈裟]처럼 논·밭 무늬가 있는 것을 발견하고 분석하던 박사님들도 놀랐다는 말을 들으면, 우리 부처님께서 다시 부활한 것이다.

일즉일체다즉일[一卽一切多卽一]이요, 일미진중함시방[一微塵中含十方]이라. 겉으로 볼 때, 한 물건이 모든 것(森羅萬象)과 일체가 되어 있고 모든 것이 다 하나와 같이 연결되어 있으며 속으로 볼 때 하나의 적은 티끌 속에도 시방세계[十方世界]가 들어 있다는 것이다.

대한민국 과학기술원 특수 분석센터 팀장 안재평님과 연구원들께 감사한 말씀을 드리고 혜원[慧圓] 스님의 인연공덕을 높

이 찬양한다.

3년 전에 경기도 성남시 수정구에 있는 불보사佛寶寺 혜원慧圓 스님이 석가모니부처님의 사리를 모시고 와서 나는 마하무 량사 제일 좋은 숨터에 사리탑을 모시는 행운을 얻었다.

숨터란 숨쉬기 좋은 터를 말하는데 생기복덕지生氣福德地는 명 당明堂이다. 특히 명당의 구멍 혈血 자리는 수천미터 땅 속에 서 올라오는 지기地氣와 하늘의 천기天氣가 만든 공기空氣로 말 미암아 숨쉬기가 좋을 수 밖에 없다.

풍수지리風水地理라 하면 자연과학의 기본인데 도선국사道詵國 師와 무학대사無學大師를 생각하게 된다.

고려의 태조太祖 왕건王建과 조선조의 태조太祖 이성계李成桂 를 만든 분들이다.

특히 도선국사는 전국에 산천비보山川裨補(250군데)를 점지하고, 35세에 전남 광양시 옥룡면에 옥룡사玉龍寺로 은퇴하여 수행 정진하다가 72세에 입적하셨다. 정신적 지도자인 종교인들 이 정치나 경제에 유착되면 안 된다는 것은 동·서양이 다 같 은 것이다.

고려불교가 망한 것은 귀족들과 승려들이 야합해서 그렇고 조선조의 유교가 망한 것도 탐관오리들과 유생들이 재물에 빠진 탓이며 서양에 천주교가 1500년 동안 성황을 누렸는데 천당 티켓을 팔다가 망해서 정교분리政教分離의 원칙을 세웠다.

무엇보다도 오늘날 한국 불교의 승려들이 종단 조직이나 경제에 관심이 많은 것은 자기의 본분을 망각하고 선사스님들의 근본 정신을 잊어버린것 아닌가 싶다. 누구 보다도 나 자신이 80이 넘어서야 깨달은 것이 부끄럽다.

인생은 80부터라고 하는데 진짜 마음공부가 80 부터다.

8년 전 백양사 주지 시몽是夢 스님이 고불총림古佛叢林 방장方丈을 나에게 맡아 달라고 해서 사양하고 도문道門 스님에게 부탁했는데 허락했다가 거부하는 바람에 반대측에서 내가 할 줄 알고 불교신문에 성명서를 크게 냈다.

선방수업을 딱 한철 나고 방장을 하려고 한다. 또 성주현이 아버지라는데 유전인자 검사를 해야 한다고 나를 파렴치한으로 몰았다. 사실 성주현이는 이범전인데, 내 상좌 진석眞石이 어디서 알았는지 성을 바꾸지 않으면 죽는다고 해서 내 아버님 앞으로 호적을 올려서 키웠다. 그런데 주현이가 유전인자 검사를 하자는 것이다. 왜냐하면 자기가 아니면 큰 스님 대우를 더 받을텐데 자기 때문에 내가 망신을 당했다고 옆에서 사람들이 야단한다는 것이다. 그래도 거절했지만 두번 세번 졸라서 "남의 말은 소용없고 네가 알고 싶다면 하자."하고 광주고등법원 앞 변호사 사무실에 가서 신청을 했는데 생각대로 아닌 것으로 검사 결과가 나왔다. 그러나 나는 그것을 공포하고 싶지 않아 가지고만 있었는데, 마침 설정 스님의 총무원장 인준에 문제가 있어서 원로회의 元老會議에서 유전인자 검사 확인서를 보이고 "나도 이렇게 중상모략을 당했는데 통과시킵시다." 해서 잘 넘어갔다.

그리고 모든 것을 다 잊어버리고 마음을 비웠다. 그런데 얼마 있다가 진주에 있는 지행知行 스님한테 가서 진맥을 받았는데 심장에 화火가 들었다는 것이다. 불교신문을 보고 내가 당한 것을 아는 모양이었다.

"아니야, 나 다 잊어버렸어." 했더니 "그것은 생각이고 마음속에 찌꺼기가 남았습니다."하고 웃었다.

그 말에 나는 꼼짝 못하고 며칠 동안 나 자신을 반성해 보았다. 수 십년 동안 수행한다고 한 것이 이것 뿐인가? 나 자신이 처량하기도 하고 부끄럽고 화도 났다. 생각과 마음은 다른 것인가?

생각은 육식六識이고 뜻(意)은 칠식七識이며 마음은 팔식八識이다. 심의식心意識이 분명 한통속인데 차원次元이 달라 그렇구나 하는 생각이 들었다.

그리고 제8 아뢰아식阿賴耶識(藏識) 안에 제9 아말라식阿摩羅識(白淨識)과 제10 흘리다야식紇利陀耶識(眞心)이 들어 있겠구나 하는 생각이 들었다.

이것이 본래 우리가 태어날 때 누구나 다 가지고 나온 청정법신淸淨法身으로 환귀본처還歸本處하는 자귀의自歸依인 것이다.

부모미생전父母未生前, 본래면목本來面目이 무엇인가? 이 뭣고(是甚麽)? 이것이 그것이(其渠是)다.

숨틀

11

열 하나. 숨틀

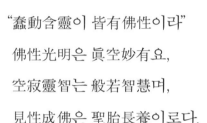

"蠢動含靈이 皆有佛性이라"
 佛性光明은 眞空妙有요,
 空寂靈智는 般若智慧며,
 見性成佛은 聖胎長養이로다.

사람(人)과 인간(人間) 그리고 인생(人生)이란 무엇인가?

사람은 만물의 영장(靈長)이라 하고, 인간은 사회적 동물(動物)이라 하며, 인생은 고해(苦海)라고 한다.

그런데 만물의 영장이라고 하는 사람을 얕잡아서 밥벌레(食蟲)라 하기도 하고 똥 만드는 기계(製糞機), 색 쓰는 기계(色骨), 돈 귀신이라고 한다. 그러나 순수한 생명의 입장에서 보면 사람은 숨틀(숨쉬는 기계)이다.

몸과 마음이 하나가 되는 것은 숨이다. 모든 생명이 다 그렇지만 사람 또한 태어나서 죽을 때까지 목으로 숨을 쉬고 살다가 숨을 쉬지 못하면 죽는다.

한때 부처님께서 제자들에게 "인간의 생명이 어디에 달렸느냐?"하고 물으니, 한 제자가 "한 달 안에 있습니다."라고 대답을 하자, "틀렸다." 하였다. 다른 제자가 "하루 안에 있습니다."하니, 또 "틀렸다."하고, 어떤 제자가 "숨 한 번 내쉬고 마시는 사이(呼吸之間)에 달렸습니다."하니, 부처님께서 "네 말이 맞다."고 하셨다.

그러면 숨을 어떻게 쉬어야 바르게 생명을 유지하고 잘 살 것인가?

엄마 뱃속에서는 엄마 숨(胎息) 따라 살고 세상 밖에 나와서는 폐로 숨(肺息)을 쉬다가 답답하면 배로 숨(服息)을 쉬는데 평상시 나가는 숨을 길게 하는 것(長出息)이 가장 몸에 좋다.

사회적 동물이라고 하는 인간(人間)은 글자 그대로, 사람은 사람 사이에 사는 동물이다. 인간이 인간답게 잘 사는 법은 자기 자신을 깨닫(自覺)고 인간관계를 잘 해야 한다.

첫째, 자기 위로 부모님과 조상님을 잘 받들어 효도(孝道)하고 둘째, 밑으로 처와 자식을 사랑하며 셋째, 앞으로 형님과 선배들을 존경하고 넷째, 좌우로 친구들에게 의리를 지키며 다섯째, 뒤로 동생과 후배들에게 염치廉恥가 있고 여섯째, 주위의 이웃 사촌들에게 친절해야 된다.

그리고 사회생활은 예의禮儀를 지키고 정직正直해야 하며, 남을 존중尊重하고 배려配慮하면서 소통疏通과 협동協同으로 모든 일을 성공시켜야 한다.

사바세계를 고해라고 하는 인생의 목적은 무엇인가?

모든 사람들은 인생의 목적을 행복幸福이라 한다.

행복이란 무엇인가?

행복은 기쁘고 즐겁게 잘 사는 것이다. 그런데 사람마다 자기 생각에 따라 행복관이 다르다. 어떤 사람은 육체적 즐거움(快樂)을 행복이라 하고, 어떤 사람은 정신적인 기쁨(喜悅)을 행복이라 하고, 또 어떤 사람은 정신과 육체가 함께 기쁘고 즐거운 희락喜樂을 행복이라 하는가 하면, 어떤 사람은 영적으로 열반락涅槃樂을 누리는 것을 행복이라 한다.

불자들이 말하는 인생의 목적은 해탈하여 열반에 드는 것인데, 이론적으로는 피안彼岸이라 하고 종교적으로는 왕생극락

往生極樂이라 한다.

그러면 행복의 조건은 무엇인가?

행복은 다섯 가지 복(五福 : 財色食名壽)이 있어야 한다. 그러나 지나친 욕심으로 탐욕(貪欲)이 생기면 불행해진다. 자기의 본분과 책임을 알고 정직하게 분수를 지키며 만족할 줄 아는 지혜가 있어야 한다.

또 사람이 근본적으로 참답게 잘 살기 위해서는 자기의 본성을 깨달아야 한다.

일찍이 부처님께서, "준동함령(蠢動含靈)이 개유불성(皆有佛性)"이라 했다. 영(靈)이 있는 모든 생명체는 다 불성이 있다는 말씀이다.

그런데 한때 조주(趙州) 스님께서는 어떤 중(僧 : 首座)이 묻기를, "개도 불성이 있습니까, 없습니까?"하고 물으니, "없다."고 했다. 그 말을 전해 듣고 다른 중이 와서, "참말로 개가 불성이 없습니까?"하고 물으니, "있다."고 했다.

어째서 조주 스님은 처음에는 없다고 했다가 다음엔 있다고 했을까? 진짜 개는 불성이 있는가, 없는가?

이것이 조주 스님의 무자화두(無字話頭)다. 화두는 해석하는 것이 아니고 의심을 해서 궁즉통窮卽通이 되는 마음공부다. 그런데 화두는 말을 듣자마자 깨닫든지, 한 달 아니면 백 일 안에 끝내야 한다. 그렇지 않으면 두뇌가 의심병으로 먹통이 되고 만다.

처음 묻는 수좌의 말을 자세히 관조해 보면, 개에게 불성이 있는지 없는지 모르고 한 질문에 조주 스님은 의심할 것이 없다고 했다. 그 말을 잘못 전해 듣고 다른 수좌가 와서, "참말로 개는 불성이 없습니까" 하고 물으니, 있다고 한 것이다.

어찌 됐든 불성광명佛性光明은 진공묘유眞空妙有다. 다시 말하면 불성(覺性)은 사람의 본성本性이고 마음의 핵(核心)이며 자성청정심自性淸淨心이다. 이 청정본연淸淨本然의 참마음을 본 것이 견성見性이고 본래의 자기로 돌아간 사람이 참사람이다.

참사람은 참마음으로 참말만 하고 참다운 행동을 하는 사람이다. 근자에 〈참사람〉을 내세운 분은 조계종 종정을 지낸 백양사白羊寺 서옹西翁 대종사님인데 말 그대로 참사람(眞人)은 완전한 사람(完人)이고, 부처님 같이 훌륭한 성인聖人이다.

성인이 되려면 어떻게 해야 하는가?
석가모니부처님 같이 거룩한 성인이 되려면 성태장양聖胎長養

을 해야 한다.

화엄경 십주품十住品이 성태장양의 기초라 하고 이조초李朝初 함허득통涵虛得通 선사禪師께서는 장양도태長養道胎라 했는데, 이 것은 부처님과 역대 조사祖師 스님들의 공통적인 수행과목이 다.

사람은 누구나 다 어머니 뱃속에서는 태식호흡胎息呼吸을 하 고 살다가 나오자 마자 탯줄이 짤리면서 폐肺로 숨을 쉬다가 성태(단전)가 퇴화된다. 이것을 부활시키는 것을 포태(胞胎 : 胎 息) 또는 성태成胎라 한다. 앉는 자세도 어머니 뱃속에서처럼 쭈그리고 앉아서 양쪽 팔꿈치로 무릎을 압박하고, 양손가락 을 깍지 끼고, 눈은 코끝을 스쳐 주먹손을 보며 입을 붕어 입 처럼 벌리고 배꼽 밑 하단전까지 숨을 마신 다음 참을 수 있 는 데까지 참았다가 코로 내쉬면서 30분 동안 준자오시(准子午 時 : 오전 9시와 오후 10시)에 백일百日 동안 정진한다.

이때 부처님께서 안반수의경安般守意經에서 말씀하신 수식관 (數息觀 : 들고 나는 숨을 하나로 헤아림)을 하는데, 처음에는 하단전下丹 田에 의식을 집중하고 1분에 10번 정도로 시작해서 2달이면 5번 하고 3달이 되면 1번 정도 철저히 계율을 지키면서 백일

과정을 마치는데 술, 담배, 성관계, 투전은 금물이다.

탐진치 삼독심을 버리지 않고 아무 때나 특히 마시(魔時 : 丑未辰
戌時)에 복식호흡腹息呼吸을 하면 참다운 사람이 아니라 짐승 같
은 몹쓸 인간이 되고 만다. 왜냐하면 복식호흡을 1달만 해도
정력이 배로 증가하기 때문에 자기도 모르게 업력을 따라 개
같은 놈, 돼지 같은 놈, 돈벌레 같은 놈이 되고 만다.
백일 과정의 태식호흡이 끝나면 천일千日 과정의 학식호흡鶴
息呼吸으로 성태聖胎를 만들어야 한다.
학식은 초자시初子時와 초오시初午時에 30분씩 하는데 배꼽 뒤
중단전에 마음을 두고 가부좌로 한다. 이때 두 손으로 양쪽
무릎을 짚고 숨을 마시면서 고개를 치켜들고 지식止息할 때
목을 학처럼 양쪽으로 돌리고 코로 숨을 내쉬면서 수식관을
한다.
학식을 하는 동안 철저하게 마음에 탐진치만의貪瞋痴慢疑를 버
리고 무념無念 무상無想 무아無我의 경지를 체득해야만 성태聖胎
가 된다. 성태가 되면 성령聖靈이 되고 불성광명佛性光明으로 각
성覺性이 되어 즉시 지혜智慧가 생겨 관조觀照하고 조견오온개
공照見五蘊皆空을 투득透得하게 된다. 천일 과정의 학식을 마치

면 상단전(上丹田 : 명치 밑)에 의식을 집중하고 구식龜息으로 만일
萬日을 성태장양聖胎長養해야 한다.

성태장양은 부처님처럼 열반에 들 때까지 중생교화(行禪)를
하면서 자나 깨나 오매일여寤寐一如로 정진을 하면 전신에 사
리舍利가 생긴다. 살아서 여의주如意珠 같은 영골靈骨이 죽어서
화장을 하면 진골眞骨 성골聖骨 사리舍利가 나온다.

사바세계는 음성교체音聲交替라, 소리가 이 세상을 지배한다.
말도 많고 탈도 많다. 할 말은 꼭 하고 안 할 말은 절대로 해
서는 안된다.

말과 소리 그리고 말씀은 다르다. 좋은 말은 언어言語라 하고
말이 아닌 말은 개 같은 소리(聲)라 하며, 훌륭한 말은 말씀(言
說)이라 한다. 그런데 말씀이라 하지만 말도 안되는 소리가
있다. 그것은 거짓말이다.

최초에 사람을 만들 때, '흙을 빚어서 더운 기운을 불어 넣어
서 만들었다.' 는 말이 있다. 흙(土)을 빚으려면 물(水)이 들어
가야 하고 더운 기운(火氣)을 불어 넣으려면 바람(風)이 있어야
한다.

숨틀

인간창조설人間創造說은 색신色身의 사대원소설四大元素說을 의인화擬人化한 것이다. 말은 소리를 가지고 사람이 만든 의사전달의 수단인데, 어떻게 말로 천지창조天地創造를 하고 인간을 창조했다고 하는가. 이것은 인간이 만든 조작설造作說이 아닌가 싶다.

우리나라 전통 가운데 풍수지리설風水地理說은 고려초高麗初 도선국사道詵國師께서 정착시킨 지수화풍地水火風 사기설四氣說이다. 땅을 자세히 관찰해 보면 지기地氣가 강한 금맥金脈은 명당明堂인데, 그 옆에는 반드시 수맥水脈이 흐르고 있다. 음(-)과 양(+)은 항상 태극太極을 이루고 음이 강하면 굳어서 지(地·金石)가 되고 양이 강하면 타서 풍風이 된다. 그런데 지수화풍地水火風 사기四氣가 땅 속이나 물속에도 있고 공중에도 산소·수소·탄소·질소(O·H·C·N)가 가득 차 있다.

하늘에는 해(양 덩어리)가 있고, 땅 위에는 음 덩이(物體)가 널려 있다. 그 가운데 빛(色)과 볕(+), 그리고 소리(-)가 엉켜서 식물, 동물을 만들고 남녀男女가 생기는데 체질體質이 태음太陰, 태양太陽, 소음小陰, 소양小陽으로 나뉜다.

요즘 사람들이 자기네 자신을 소우주小宇宙라 한다. 우주는 시간과 공간이다. 시간은 태양과 지구 사이에 일어나는 광도현상光度現象인데 찰라도 쉴 새 없이 변화무쌍한 것이다.

공간은 가만 있는데 그 가운데 크고 작은 물질이 시간 따라 쉴 새 없이 움직이며 변화하고 있다. 특히 지수화풍 공기는 밤낮으로 다르게 변한다. 가시적인 음양은 밤이 음(-)이고 낮이 양(+)이지만 공기는 한 밤중 자시子時가 양이고 한낮 오시午時가 음이다. 음중양陰中陽을 진양眞陽이라 하고 양중음陽中陰을 진음眞陰이라 한다. 그래서 자시(子時 : 밤11시~1시)에 태식호흡胎息呼吸을 지나치게 하면 몸에 열이 나고 눈빛이 빨갛게 되며 오시(午時 : 낮11시~1시)에 태식호흡을 많이 하면 몸이 차고 눈빛이 파랗게 된다. 이것을 보고 지도자(善知識)는 자·오·묘·유시子·午·卯·酉時에 사분정진四分精進을 시켜서 자연의 질서에 통(道通)하게 한다. 그리고 신통술神通術은 인·신·사·해시寅·申·巳·亥時에 송주誦呪와 기도祈禱로 정근精勤을 하도록 한다.

인간의 몸과 마음은 호흡을 통해서 삼위일체三位一體로 하나가 된다. 아무리 힘이 좋은 사람도 호흡을 중지하면 당장 목

숨이 끊어져 혼비백산魂飛魄散이 되고 만다. 사람은 누구나 다 이 세상에 태어나서 죽을 때까지 평생 호흡을 통해서 그 나름대로 영적 공부를 한다.

공부工夫란 무엇인가?

일반 사람들이 하는 공부는 먹고 살기 위해 학교나 학원에 가서 지식을 습득하는 것이고 절집에서 하는 공부 역시 생활을 위해서 학교나 강원에서 경전과 의식을 배우는 것인데, 자기 몸집 안에 성태공장聖胎工場을 차리고 돌려서 청정한 마음을 만드는 것이 진짜 공부다. 그래서 마음공부라 한다. 언제 어디서 어떻게 숨틀을 잡아 돌려야 할 것인가? 인생의 길은 한마디로 숨길이다. 나가는 숨이 길면 오래 살고 짧으면 오래 못산다. 생활의 삼대 조건인 의식주衣食住도 숨쉬기 위한 보조 수단이다.

신구의身口意 삼업三業을 청정케 하는 계정혜戒定慧 삼학三學이 모든 수행의 근본이지만 성태장양聖胎長養을 해야만 견성성불見性成佛 할 수 있다.

훌륭한 스승(善知識)을 만나고 좋은 도반道伴을 얻어 지극 정성으로 성태장양을 하는 것이 참다운 인생의 길(道)이요, 진리(法)요, 생명生命이요, 등불(燈火)이다.

인생은
나그네

12

열둘. 인생은 나그네

인생은 나그네
외로운 나그네의 길
어디서 왔다가 어디로 가는가,
아무리 생각해도 알 수가 없네.

내 맘대로
버들피리 꺾어서 불고
물 따라 바람 따라
살다가 가려하네.

1971년 내 나이 33살에 동국대학교 불교대학 3학년 겨울방학 때, 백상원 기숙사 종비생 42명이 수원 용주사 중앙선원中央禪院으로 수련을 갔다.

그 당시 조실祖室은 유명한 전강田岡 큰스님이시고 주지는 송담松潭 스님이었다.

수련 3일째 되던 날 사시巳時(10시 쯤)에 조실스님께서 법문法問을 하시는데, 판소리의 대가인 임방울의 노래를 하시는 것이었다.

"아, 임방울이 마누라가 죽어서 시체를 앞에 놓고, 앞산도 첩첩하고 뒷산도 첩첩헌디 우리 마누라 어디로 갔노? 했것다. 어디 아는 사람 있으면 말해봐라. 있냐? 없냐?" 하시는 것이었다.

그러나 아무도 말이 없어서 한참을 지나 내가 손을 번쩍 들었다.

그러니까 큰스님께서 "어! 이것 봐라. 아는 놈이 하나 있구나. 말로 해라 잉. 내가 늙어서 힘이 없다. 말로 해라." 하시는 것이었다.

그래서 내가 손을 내리고, "무거무래역무주無去無來亦無住인데 가기는 어디로 가요?" 하니까, "응? 뭐라? 가만 있자, 안되것다 내가 한마디 더 해야겠다." 하시더니, 알 수 없는 게송偈頌을 읊으시고, "알 것냐, 모르것냐?" 하시고는, 내가 말이 없자 주장자拄杖子를 세 번 치고 내려 가셨다.

그 뒤로 내가 무슨 말을 해야 했을까? 하고 한 두 달 화두話頭가 되어 뇌리 속을 떠나지 않았다. 4학년 신학기가 되어도 학교 공부가 재미없어 동대문 옆 청룡사青龍寺로 탄허呑虛 큰스님을 찾아 갔다.

큰스님께 절을 세 번 올리고 대뜸, "금년에 염라대왕 연세가 몇 살입니까?" 하니 아무 말씀 없이 나를 한참 쳐다보시더니 단주短珠를 돌리시는 것이었다.

그래서 나는 무례無禮하게도 "무량수無量壽란 말입니까?" 하니 큰스님께서 "차나 한 잔 하자." 하고 웃으시는 바람에 나도 웃고 말았다.

그 뒤로 며칠 있다가 인천 용화사를 찾아가려고 했는데 전강 큰스님께서 입적入寂해 세상을 떠나셨다.

만약 내가 큰스님을 친견했더라면, "큰스님, 임방울의 마누라가 어디서 왔습니까? 그곳을 가르쳐 주시면 간 곳을 말씀드리겠습니다." 했을 것이다.

인생은 고해苦海라고, 일찍이 부처님께서 고苦 · 집集 · 멸滅 · 도道 사성제四聖諦를 말씀하셨다. 인생의 전체 과정인 생生 · 노老 · 병病 · 사死가 고통이고 사랑하는 사람과 헤어지는 것이 고통이며(愛別離苦) 원수나 싫은 사람과 만나는 것이 고통(怨憎會苦)이며 얻고자 구하는데 얻지 못하는 것 또한 고통(求不得苦)인 것이다.

그리고 인생은 인연 노름이라고도 한다.

그런데 그 인연의 내용이 무엇인지 알 수가 없다. 좋은 인연은 복(福)이고 나쁜 인연은 화(禍)다. 복을 짓고 화를 당하는 것은 본인이 짓고 받는 것이다. 복을 자업자득(自業自得)이라 하고 화는 자작자수(自作自受)라 한다.

인연(因緣)은 근본 원인과 보조연을 합친 말인데 모든 것이 근본 원인은 자기 자신이고 보조적 연은 환경조건이다. 그러나 좋은 인연을 만나고 못 만나는 것은 본인의 노력과 능력이 선인선과 악인악과(善因善果 惡因惡果)로, 콩 심은데 콩 나고 팥 심은데 팥 난다고 하는 것이다.

어찌 됐든 인생은 고해(苦海)라 하는데 그 원인은 무엇인가? 고의 원인은 한두 가지가 아니고 여러 가지 집착(執着)이 모여(集)서 생긴다는 것이다. 중생은 누구나 다 본능적으로 자기가 아는 것과 필요한 것에 집착하기 때문에 아집(我執)(ego)이 생겨서 고(苦)가 되는 것이다.

그러면 어떻게 해야 고를 없앨 수 있는가? 그것은 아집 이전에 생긴 잘못된 아상我相을 없애(滅)야 한다. 그렇게 되면 즉시 해탈解脫하여 열반(涅槃 : Nibbana)에 든다.

열반, 적정寂靜에 드는 방법은 무엇인가? 그 구체적인 방법(길)으로 팔정도八正道가 있다.

첫째 바른 견해(正見)로 세상만사 인생을 지혜롭고 바르게 보고, 둘째 생각을 바르게(正思)하고, 셋째 말을 바르게(正語)하며, 넷째 행동을 바르게(正業)해야 한다. 또 다섯째는 바른 생활(正命)을 하고, 여섯째 바른 신념(正念)을 가지고, 일곱째 바른 정진(正精進)을 하며, 여덟째 바른 선정(正定)을 얻어야 한다.

이상 거룩한 인생(수도생활)의 진리(四聖諦)를 체득體得하면 고해를 건너 피안彼岸의 언덕에 도달到達하게 된다. 다시 말하면 피안彼岸이 가장 이상적인 세계라고 하면 극락세계極樂世界의 집(天堂佛刹)은 종교적인 목적이다. 그리고 기쁘고 즐거운 행복(幸福 : 喜喜樂樂)은 현실적인 인생의 목적이다.

우선 보리도菩提道를 구하면(上求菩提) 수다원(須陀洹 : 預流果) 사다함(斯多含 : 一來果) 아나함(阿那含 : 不還果) 아라한(阿羅漢 : 無學果) 4과四果를 증득하여 오욕(五欲 : 財色食名壽)을 벗어버리고 성인(聖人 : 覺者)이 되는 것이다.

다음 단계로 보살도^{菩薩道}를 행^(修行)하면^(下化衆生) 십지^{十地}보살이 되어 성불^(成佛, 佛國土建設 : 社會完成)하게 된다.

초지^(初地 歡喜地)의 수행과목은 보시^{布施}다. 보시는 법시^{法施}, 재시^{財施}, 무외시^{無畏施}가 있고 주는 사람과 받는 사람 그리고 주고받는 물건이 청정^(清淨 : 施受物三施清淨)해야 한다. 보통 사람들은 얻어먹고 받아쓰고 뺏어먹는 것을 좋아하지만 수행자는 베풀어 주는데서 부모의 마음 같은 환희심이 난다.

이지^(二地 離垢地)의 수행과목은 지계^(持戒, 十善法)다. 더러운 탐·진·치^(貪瞋痴) 삼독심^{三毒心}을 떠나 청정하게 계를 지키면 마음이 편안해서 이구지가 된다.

삼지^(三地 發光地)의 수행과목은 인욕바라밀^{忍辱波羅蜜}이다. 참는 자가 복이 있다. 참고 견디면 결과적으로 나쁜 것도 좋아져 복이 된다. 못 참고 화를 내면 자기 몸과 마음이 상하고 병들어 일찍 죽는다. 잘 참고 이겨내면 지혜의 광명이 피어나게 된다.

사지^(四地 焰慧地)의 수행과목은 정진바라밀^{精進波羅蜜}이다. 일반적으로 노력은 성공의 어머니라고 하는데 정진은 지극정성으로 피안을 향해 일로 매진하는 것이다. 힘은 쓸수록 나온다고 그 속에 지혜의 불꽃이 튀기 때문에 염혜지에 오르는 것이다.

오지(五地 難勝地)의 수행과목은 선정바라밀禪定波羅蜜이다. 선정은 정신통일의 경지로 삼매三昧다. 정신일도精神一到 하사불성何事不成이라, 정신통일이 되면 안 되는 일이 없어서 난승지가 되는 것이다.

육지(六池 現前地)의 수행과목은 지혜바라밀智慧波羅蜜이다. 지혜는 현실 긍정적 사고思考로 인연생기因緣生起하는 멀고 가까운 연기법이 눈앞에 보임(觀照)으로 현전지라 한다.

칠지(七地 遠行地)의 수행과목은 방편바라밀方便婆羅蜜이다. 무슨 일이든지 목적달성을 위해서는 방편이 필요하다. 교통만 하더라도 비행기로 가는 항공편이 있고, 기차, 자동차, 배, 발로 걸어가는 방법(方便)이 있다. 중생의 업을 멀리 떠나야 하기 때문에 선교방편善巧方便으로 이룬 칠지를 원행지라 한다.

팔지(八地 不動地)의 수행과목은 원바라밀願波羅蜜이다. 소원이나 희망이 없는 사람은 목적의식이 없기 때문에 정신력이 약하다. 힘이 있으면 이기고 힘이 없으면 진다.

사홍서원(四弘誓願 : 衆生無邊誓願度 煩惱無盡誓願斷 法門無量誓願學 佛道無上誓願成)을 보면 불자들의 소원이 얼마나 큰가, 부동지에 올라야 한다.

구지(九地 善慧地)의 수행과목은 역바라밀力波羅蜜이다. 중생은 업력業力으로 살고 보살은 원력願力으로 수행한다. 사업이나 수행이나 수련修練을 해서 득력(得力 道力)해야 도고마성道高魔盛, 마장魔障을 이기는 선혜지善慧地의 힘(力)을 얻는다.

십지(十地 法雲地)의 수행과목은 지바라밀智波羅蜜이다. 십지十地의 지는 실상반야實相般若로 직관적 지혜다. 설법이 온 세상에 비를 내리게 하는 구름 같은 법운지法雲地는 십지보살의 마지막 수행의 결과다.

그리고 십지十地를 넘어 불지佛智와 같은 평등일여平等一如의 등각等覺과 절묘한 깨달음의 묘각妙覺이 있다.

인생은 나그네, 외로운 나그네의 길, 괴로우나 즐거우나 자비보시慈悲報施 지계청정持戒淸淨으로 인욕정진忍辱精進하여 선정지혜(禪定智慧, 觀照般若 : 觀察智)를 얻고 방편方便 원願 력力 지智(實相般若 : 直觀知) 십바라밀十波羅蜜을 성취하여 우리 다 같이 성불成佛해야 할 것이다.

참으로
잘 사는 법

13

열 셋. 참으로 잘 사는 법

사람은 누구나 잘 살기 위해서 자기들 나름대로 불철주야^不撤晝夜 노력을 한다. 잘 산다는 것은 '옳고 바르게 산다' 는 말인데 어떻게 하면 참으로 잘 살 수 있을까?
우리가 참으로 잘 살려면 어떤 도인^{道人}의 말씀과 같이 자연을 보고 배워야 한다.

청산은 나를 보고 말없이 살라하고,
창공은 나를 보고 티없이 살라하네.
욕심도 벗어놓고 성냄도 벗어놓고,
물같이 바람같이 살다가 가라하네.

우리가 참으로 잘 살려면 말을 적게 하고, 마음에 티가 없게 하며, 욕심과 성냄을 버리고, 물같이 바람같이 살아야 한다.

숨길따라 가는 길

그리고 인과법因果法을 믿고 나쁜 짓을 하지 말고, 좋은 일에 힘쓰며 선량하게 살아야 한다.

또 불·법·승(佛法僧) 삼보三寶에 귀의하고, 계·정·혜(戒定慧) 삼학三學을 배워서 탐·진·치(貪瞋痴) 삼독三毒을 없애고, 신·구·의(身口意) 삼업三業을 청정淸淨케 하여 참사람이 되어야 한다.

참사람은 어떤 사람인가? 참사람은 글자 그대로 진인眞人 또는 도인道人이라 하는데, 부처님 같은 성인聖人이다. 다시 말하면 참사람은 참마음으로 참말만 하고, 참다운 행동을 하는 사람이다.

참으로 훌륭한 참사람이 되려면 어떻게 해야 하는가? 참사람은 우선 자기 자신을 깨닫고(自覺), 우주의 근본진리根本眞理를 깨달아야 한다.

첫째, 나는 누구인가? (因緣)

나는 82년(戊寅)전 8월 25일 전라북도 고창군 대산면 회룡리 64번지 토담집에서 성가成家 환기桓基로 태어났다. 그리고 17살에 백양사白羊寺로 출가하여 암도岩度란 중(僧)이 되었다.

둘째, 나는 무엇인가? ^(構造)

나는 1m63cm의 키에 65kg 무게의 남자이다. 몸덩어리는 다른 사람과 똑같이 지・수・화・풍^(地水火風) 사대색^{四大色}으로 안・이・비・설・신・의^(眼耳鼻舌身意) 여섯 가지의 감각기관과 수・상・행・식^(受想行識)의 의식작용^{意識作用}을 하는 마음으로 뭉쳐진 동물 가운데에 묘한 물건(사람)이다.

사람은 누구나 다 몸과 마음^(五蘊)이 빈 깡통인데 생각에 따라서 말과 행동이 다르며 이상적^{理想的} 목표가 다르다. 그것은 전생업^(前生業 : 父母, 祖上의 씨)과 금생의 환경조건과 자기의 능력^(근기와 노력)에 따라 다를 수밖에 없다.

환경은 자연환경부터 가정환경, 사회환경이 좋아야 하고, 조건은 인연관계로 혈연^{血緣}, 지연^{地緣}, 학연^{學緣}, 직장연^{職場緣}, 법연^{法緣}이 좋아야 인생이 순탄하다. 어찌 됐든 참사람은 연기법^{緣起法}을 깨달아야 심령^{心靈}이 크고 심량^{心量}이 넓고, 심사^{心思}가 깊고, 심성^{心性}이 깨끗해진다.

연기는 인연생기^{因緣生起}를 줄여서 쓰는 말인데, '이 세상 모든 것이 다 인연이 있어서 생기고 인연이 없으면 사라진다.' 는 평범한 진리이다. 석가모니부처님께서 "이것이 있기 때문에 저것이 있고 이것이 없으면 저것도 없다."고 연기법을 설파하였다.

다함이 없는 무진연기無盡緣起의 입장에서 보면 창조설創造說이나 종말론終末論은 연기의 단면斷面을 가지고 주장하는 편견에 불과한 것이다.

그런데 연기법은 왜 지속적으로 생기는 것일까? 연기법이나 진화론進化論은 시간과 공간이 있기 때문에 발생하는 것이다. 시간은 태양과 지구 사이에 일어나는 광도현상光度現象이고, 공간은 텅 빈 하늘인데 허공虛空이라 한다. 긴 시간은 세월歲月이고 짧은 시간은 분分 · 초秒 · 찰나刹那다. 찰나는 7분의 1초라 하는데 보통사람은 감지가 안 되는 변화變化다.

시간적 현상은 길든 짧든 무상(諸行無常)한 것이고, 공간적 존재는 크든지 작든지 있는 그대로 있는 것은 아무 것도 없어서 무아(諸法無我)인 것이다. 이것을 모르는 사람은 인생이 고통스럽고 이 사실을 확실히 깨달으면 모든 것을 체념諦念하고, 마음이 열반적정涅槃寂靜해서 상락아정常樂我淨으로 일일시호일日日是好日이 되는 것이다.

그러면 인간으로서 최소한 선량善良하게 잘사는 방법은 무엇인가? 그것은 인간의 본능인 신 · 구 · 의(身口意) 삼업三業을 청정하게 해야 한다.

몸은 살생하고, 도적질하며, 음행하고, 입은 거짓말하고, 이간질하며 험악한 소리를 잘하고, 사기 치는 소리를 잘하고, 마음(뜻)은 탐욕과 진심 그리고 어리석은 욕심을 낸다.

이 십악업十惡業을 참회하고 십선업十善業으로 바꿔야 한다.

몸으로 살생하지 말고 방생放生을 하고, 도둑질하지 말고 바른 직업正業을 갖고, 사음邪淫하지 말고 바른 성생활을 해야 한다. 그리고 입으로는 거짓말을 말고 참말(眞言)하고, 이간질하지 말고 바른 말(正語)을 하며, 험악한 소리를 하지 말고 사랑스런 말(愛語)을 하며, 사기 치는 소리를 하지 말고 사실대로 말(以實直告)해야 한다. 또한 마음으로는 탐욕貪慾을 버리고 보시布施하며, 진심瞋心을 버리고 자비심慈悲心을 내며, 어리석은 생각은 버리고 지혜智慧로 바꿔야 한다.

이 십선운동十善運動은 대승불교가 주장하는 인성개발법人性開發法으로 사회생활의 진리이다.

하나 더 참고할 것은 인성교육진흥법人性敎育振興法이다.

오늘날 물질주의와 향락주의 때문에 윤리도덕이 무너지고, 인성이 동물성에 가까운 현실을 바로잡기 위해 2015년 7월

숨길따라 가는 길

14일 국회에서 인성교육진흥법人性教育振興法이 법제화가 되었다. 그 내용은 예禮 · 효孝 · 정직正直 · 책임責任 · 존중尊重 · 배려配慮 · 소통疏通 · 협동協同이다.

예禮는 우리나라의 자랑인 동방예의지국東方禮儀之國을 되살리자는 뜻이고, 효孝는 백행지본百行之本이라는 윤리의 근본이며, 정직正直은 사회질서를 잡아 문화의 고도高度를 높이자는 의미이고, 책임責任은 자기의 본분本分을 다하고 분수(分守 · 分數 · 分隨)를 지켜야 한다는 취지일 것이다.

존중尊重은 남의 인격을 존중하고, 배려配慮는 상대방의 입장을 이해하고 도와주는 것이며, 소통疏通과 협동協同은 대화를 통해서 화합하고 서로 협동해서 잘 살자는 것이다.

사람이 선량하고 아름답게 살려면 윤리도덕을 지키고, 진실하고 정직하게 살려면 제행무상諸行無常 · 제법무아諸法無我 · 열반적정涅槃寂靜 삼법인(三法印 : 진리의 근본)을 깨달아 번뇌망상煩惱妄想을 버리고 참사람이 되어 참으로 잘 살아야 한다.

바르게
잘 사는 법

14

열넷. 바르게 잘 사는 법

이 세상에는 많은 길이 있다.

하늘에는 천도天道 황도黃道 흑도黑道가 있고, 땅에는 육로陸路 도로道路 인도人道가 있으며, 바다에는 해로海路 항로航路가 있다. 그리고 사람 사는 데는 만 팔천 개 이상의 인생의 길(직업)이 있다. 또 눈에는 눈길이 있고 귀에는 소리 길이 있으며 코에는 숨길, 발에는 발길, 손에는 손길, 마음에는 뜻길(意路)이 있다.

그 가운데 잘 사는 길은 여덟 가지 바른 길(八正道)이 있다.

첫째, 바르게 잘 사는 길은 정견正見이다.

정견은 불성광명佛性光明으로 바르게 보고 사견邪見이나 편견偏見에 빠지지 않고 바른 마음으로 세상과 자기 인생을 바로 보는 견해이다. 어찌 보면 인생은 전부가 보는 것이다.

눈으로 보고 귀로 들어보고 코로 맡아 보고 입으로 먹어 보고 손으로 만져 보고 생각해보는 것이 인생살이라고 할 수 있다.

사람은 몸의 감각기관이 건강해야 마음이 건전하지 그렇지 않으면 장애인이 된다. 눈이 고장 나면 봉사, 귀가 고장 나면 귀머거리 코가 고장 나면 킁킁이, 입이 고장 나면 벙어리, 발이 고장 나면 절룩발, 머리가 고장 나면 바보 인생이 되고 만다.

그런데 아무리 몸이 잘 생기고 멋이 있어도 마음이 병들면 빙신이다. 그 사람은 정신이 어리빙빙하니까.

어찌됐든 소승 삼법인(일체[一切皆苦·諸行無常·諸法無我])을 확실하게 알아야 한다.

둘째, 바르게 잘 사는 길(道)은 정사正思다.

견해가 바른 사람은 생각이 바를 수밖에 없다. 서양의 사상가 파스칼(Pascal)은 사람은 생각하는 갈대라고 말했다.

이 생각 저 생각 오만 가지 생각이 죽 끓듯 하는 것이 중생衆生인데 시간적으로 보면 과거 생각은 기억記憶이나 추억追憶이라고 생각 억憶 자를 쓰고, 현재 생각은 사고思考 사유思惟라고 생각 사思 자를 쓰며, 미래 생각은 상상想想 이상理想이라고 상

想 자를 쓴다.

그리고 과거 현재 미래를 통틀어서 신념信念 이념理念이라고 념念 자를 쓴다.

과거심도 불가득不可得이요, 현재심도 불가득이요, 미래심도 불가득이라고 하지만 과거의 기억이나 현재의 사고나 미래의 이상이 잘못되면 그 인생은 망치고 만다.

한 생각 잘 하면 한 평생 잘 살고 한 생각 잘못되면 그 사람은 평생을 잘 못살게 된다.

셋째, 바르게 잘 사는 길(道)은 정어正語이다. 정어는 거짓말하지 않고 있는 그대로 사실을 바르게 말하는 것이다.

인간의 역사는 말부터 시작하고 인류의 정신문화는 글에서 출발한 것이다. 말과 글은 사람의 의사意思를 전달하는 약속 수단이다. 말은 입에서 귀로 전달하는 소리고, 글은 손에서 눈으로 전달하는 상형象形이다.

말을 많이 한다고 잘 하는 것이 아니고, 안 한다고 해서 좋은 것이 아니다. 할 말은 꼭 하고 안할 말은 입을 닫는 것이 좋다.

현대사회가 시끄러운 것은 하지 말아야 할 말을 누구나 큰 소리로 외치기 때문이다. 옛적엔 길이 아니면 가지 말고 말이 아니면 탓을 하지 말라고 했다. 그래서 요즘 아이들이 말이 아닌 소리를 개소리라고 한다.

고운 말 한마디로 천 냥 빚을 갚는다는 말이 있는가 하면 쓸데없는 소리 잘 못해서 신세 망치는 경우도 있다. 구시화문口是禍門이라, 세치(三寸) 혀를 조심해야 한다.

모든 가정이 화목하고 사회가 화합하고 국가가 평화로우려면 모든 사람들이 바른 말로 중론衆論을 모으고 공론公論을 소통疏通시켜서 국론國論을 하나로 묶어야 한다.

넷째, 바르게 잘 사는 길(道)은 정업正業이다. 정업은 바른 행동과 행위다. 업業이란 까르마(Karma)라 하는데 의도적인 행위다. 우리 말 가운데 생활용어로 가장 많이 쓰는 말이다. 학교에 가서 공부하는 것은 수업 또는 학업이라 하고 끝나면 졸업이라 하며 농사짓는 농업, 공장을 차리면 공업, 장사하면 상업, 점포를 열면 개업, 놀면 휴업, 그만두면 폐업, 사람이 하는 짓은 무엇을 하든지 사업이고 작업이라 한다.

생각과 말과 행동이 바른 사람은 정직한 사람으로 사회의 지도자가 될 수 있다. 아무리 생각이 좋고 말이 좋다 하더라도 행동이 바르지 못한 사람은 결국 위대한 인물이 될 수 없다.

다섯째, 바르게 잘사는 길(道)은 정명正命이다. 정명은 바른 생활로 생명을 이어 가는 바른 직업이다. 정당하지 못한 직업이나 공직생활을 해도 부정한 짓을 하면 정명이 아니다.
특히 수도생활修道生活을 하는 사람이 계율戒律을 지키지 않고 참선한다고 망상을 피운다든지 불사佛事를 한다고 재물과 색을 밝히는 짓은 속인보다 더 큰 죄를 짓고 삼악도三惡道에 떨어질 확률이 높다. 윤회輪廻를 모르고 인과법因果法을 믿지 않는 사람은 중(僧)도 아니고 불자佛子도 아니다. 더욱이 스님은 자기 스스로 님이라고 자부할 수 있는 법력法力과 도력道力이 있어야 한다.

여섯째, 바르게 잘 사는 길(道)은 정념正念이다. 바른 신념과 이념을 정념이라 한다. 불·법·승(佛法僧) 삼보三寶에 귀의하고 계·정·혜(戒定慧) 삼학三學을 닦아서 견성見性 성불成佛하겠다는 신념이 있어야 훌륭한 수도승으로 도인이 되는 것이다.
아무리 작은 일이라도 신념이 없는 사람은 성공할 수 없다. 더욱이 삼계三界의 대도사인 완전한 사람(부처님)이 되려면 지극한 마음으로 생명을 삼보에 바치고$^{(至心歸命)}$ 말 그대로 확고한 신념$^{(四弘誓願)}$을 가져야 한다.

믿음은 도의 근원$^{(信爲道源)}$이요, 일체 모든 선근^{善根}을 장양^{長養}시킨다 했다.

일곱째, 바르게 잘 사는 길$^{(道)}$은 정정진^{正精進}이다. 정정진은 바르게 정성껏 목적을 향해 진격하는 것이다. 일반 사회인들도 노력은 성공의 어머니라고 한다. 하물며 지고지순^{至高至純}한 성불^{成佛}을 적당히 노력해서 되겠는가?

정진은 지극한 마음으로 정밀^{精密}하게 쉴 새 없이 백척간두진일보^{百尺竿頭進一步}해야 한다. 어쩌다 자기별을 좀 보고 심월^{心月}이 독로^{獨露}했다고 해서 보임^{保任}한다는 핑계로 잠시라도 쉬면 정진하고는 십만 팔 천리나 멀어지게 된다.

부처님께서는 열반하시기 전까지 제자들에게 죽을 때까지 정진하라고 신신당부^{申申當付}했다.

지성^{至誠}이면 감천^{感天}이라, 수도^{修道}는 혼신의 힘을 다해서 전력투구해야 성도^{成道}하는 것이다.

여덟째, 바르게 잘 사는 길$^{(道)}$은 정정^{正定}이다. 정정은 바른 선

　　　　　　　　　　　　　　바르게 잘 사는 법

정삼매禪定三昧다. 삼매는 정신통일의 경지로 참선하다가 정신통일이 되면 선정삼매, 독서하다가 정신일도精神一到하면 간경삼매, 염불念佛하다가 삼매에 들어가면 염불삼매, 사사삼매事事三昧라 백 천 가지 삼매가 있다. 초선 · 이선 · 삼선 · 사선정四禪定을 거쳐 아라한이 되는 것이다. 정정은 팔정도의 종착역이다.

이상 여덟 가지 바르게 잘 사는 길(道)은 우선적으로 불지佛智를 얻어서(上求菩提) 자기완성自己完成하는 수도과목(修道科目 : 三十七助道品) 가운데 대표적인 덕목이다.

다시 말하면 바른 견해(正見)로 생각과 말과 행동이 바르고 바른생활(正命)을 통해 바른 신념과 바른 정진으로 바른 선정을 얻어서 해탈하여 열반에 드는 것이 바르게 잘 사는 길(道)이다.

복스럽게
잘 사는 법

15

열다섯. 복스럽게 잘 사는 법

복스럽게 잘 사는 법은 대승(大乘菩薩道) 가운데 자비보시慈悲布施가 제일이다. 자비심이 넘치면 보시행이 따라서 사회완성(成佛國土)이 될 수 밖에 없다.

소승적 자리自利의 수도修道가 완성(見性)되면 대승적 이타利他의 수행修行이 완성(성불[成佛]) 되어야만 상구보리上求菩提 하화중생下化衆生으로 불자의 사명을 다하는 것이다.

인생은 복福 불복不福이라고 한다. 복은 행복幸福을 말하고 불복은 화禍를 말한다. 복을 짓고 복을 받고 복을 누리는 것은 자기 자신의 일(自業自得 自作自受)이다.

일반적으로 생활이 넉넉한 사람은 행복하고 의식주衣食住가 변변치 못한 사람은 불행하다. 그러나 출가 전 석가모니 부처님처럼 행복의 조건인 오복(五福 : 財色食名壽)이 넘친다 하더라도 본인의 마음이 흡족하지 못하면 행복하다고 할 수는 없

숨길따라 가는 길

다.

사람마다 정신적 차원에 따라서 인생의 목적인 행복관^{幸福觀}
이 다르다. 육체적인 쾌락^{快樂}을 행복이라고 하는 사람이 있
는가 하면 정신적 희열^{喜悅}을 행복이라고 말하고 단란한 부부
생활^{喜喜樂樂}을 행복이라고 주장하는가 하면 진리를 깨달아
열반락^{涅槃樂}을 누리는 사람도 있다.

실제로 복이란 무엇인가? 쉽게 말하면 복은 좋은 인연^{因緣}이
다. 그래서 인생을 인연 놀음이라고도 한다.

예를 들면 혈연^{血緣} 지연^{地緣} 학연^{學緣} 직장연^{職場緣} 법연^{法緣} 등
모든 사람들은 수많은 인연 속에 살면서 좋은 인연을 만나기
위해 노력한다.

초년에 부모를 잘 만난 사람은 부모복이 있고 말년에 자식을
잘 둔 사람은 자식복이 있고 중간에 처를 잘 만나면 처복이
고 남편을 잘 만나면 남편복이고 가는 데마다 돈이 잘 생기
면 재^財 복이고 먹을 것이 풍부하면 식^食 복이고 매일 일만 생
기면 일복이 많다고 하며 심지어 자주 얻어맞는 사람은 매복
이 많다고 한다. 그리고 죽어서 좋은 곳으로 가는 사람은 명
복^{冥福}이 좋다고 한다. 명복은 살아 생전에 좋은 일^(業福) 많이

　　　　　　　　　복스럽게 잘 사는 법

한 덕이다.

복은 자기가 지어서 받는 것(自作自受)이다. 전생에 좋은 일을 많이 한 사람은 천복天福이 있다고 하고, 금생에 아무리 노력을 해도 겨우 밥밖에 못 먹는 사람은 전생에 복을 짓지 못했기 때문이다.

그러면 어떻게 해야 복을 짓는가?

첫째, 복스럽게 잘 사는 길은 보시布施다. 보시는 자비심으로 남에게 베풀고 사는 대승보살도大乘菩薩道다. 사랑의 근본 마음이 자비심慈悲心인데, 부모가 자식을 사랑하듯이 베풀어야 한다. 정신적으로나 육체적으로나 물질적으로나 상대를 위해서 아낌없이 돕는 것이다. 옛날 말로는 법시法施 재시財施 무외시無畏施 삼시청정三施淸淨이라고 하는데, 주는 사람 마음이 깨끗하고 받는 사람 마음도 깨끗하며 중간에 주고받는 물건이 깨끗해야 한다. 세상살이는 주고받는 것(give and take)이라고 하지만 무엇이든지 주면 잘 받아 주어야 한다. 사랑도 주기만 하고 상대가 받아주지 않으면 짝사랑이 되고 만다.

우리 몸의 감각기관은 전체가 주는 것이다. 눈으로 봐주고 귀로 들어주고 입으로 먹어주고 코로 맡아주고 손으로 만져

주고 마음으로 생각해 주고 온통 우리 인간은 주는 것 뿐이다. 그러니 자비심으로 잘 주고 사는 것이 복을 짓고 복스럽게 잘 사는 것이며, 모든 은혜(부모, 스승, 친구, 사회, 국가)에 보답하는 길이다.

둘째, 복스럽게 잘 사는 길은 지계(持戒)다. 지계란 계를 지킨다는 뜻이다. 다시 말하면 자기 자신의 욕망과 분노를 통제하고 남의 인격을 존중하며 배려하는 것이 계의 근본 취지다. 소승계는 나쁜 짓 하지 않는 지악(止惡)을 주장하지만 대승보살계는 착한 일 하는 것(作善)을 강조한다. 살생은 물론 안하고 방생(放生)을 하며 도적질 안 하고 바르게 살며 사음하지 않고 거짓말 하지 않고 참말만 하고 술 안 마시고 깨끗한 물을 마시는 것이 사실은 자기가 자기를 위해 복 짓는 것이다.

본능에 가까운 업과 습관(業習)이 잘못되어 그렇지 자기 건강을 위해서도 계는 지켜야 복스럽게 잘 사는 길이다. 계(戒)를 깊이 생각해 보면 부처님과의 약속이다. 친구와의 약속은 말로 하면 언약(言約)이고 글로 하면 서약(書約)이다.

사회생활에 있어서 강제적인 약속이 있다. 그것은 법률(法律)이다. 그리고 자기가 자기하고 하는 약속이 있는데 이는 결심^{決心}이라고 한다. 인생은 약속을 잘 지키면 복스럽게 잘 살 것이고 안 지키면 불행할 수 밖에 없다. 신용이 재산^{財産}이라, 약속이 신용을 낳고 신용이 재산을 낳는다.

셋째, 복스럽게 잘 사는 길은 인욕^{忍辱}이다. 인욕은 참고 견디는 것이다. 마음에서 일어나는 탐욕과 진심^{嗔心}을 참고 육체적으로 힘든 일이나 치욕을 억울해도 이겨내는 것이다. 옛날 어머니들은 시어머니 앞에서 눈도 크게 뜨지 못하고 참고 사는 것이 미덕이었다. 요즘 여자들은 참다가 속 앓이 생긴다고 막 퍼 대다 보니 고부간에 존경과 사랑은 어디로 갔는지 찾아보기 힘들다.
백 번 참으면 살인도 면하고 인욕은 수행^{修行}의 근본이라고 했다. 재미있는 말로, 참는 자가 복이 있나니, 천당과 극락이 자신의 것이다. 최후의 승리자는 참고 이기는 것이며 복을 받는 법이요 길이다.

넷째, 복스럽게 잘 사는 길은 정진^{精進}이다. 정진은 견성성불을 목표로 정밀하게 쉬지 않고 밀어붙이는 것이다. 일반사업도 노력해야 성공하는 법인데 생사문제를 해결하는 마음공부는 지극정성으로 혼신의 힘을 다해서 전력투구하지 않으면 절대 불가능한 것이다.

부처님 같이 근기根機가 수승殊勝해도 입산수도(入山修道 : 上求菩提)를 6년 하시고 하화중생下化衆生을 45년 동안 포교수행布敎修行을 하셨는데 하근기인 우리가 먹을 것 다 먹고 중도수행中道修行한다고 적당히 살아서 무슨 재주로 성불하겠는가?

무상한 세월을 아끼고 속득해탈速得解脫을 위한 정진은 복을 받는 수행으로 복스럽게 잘 사는 길이다.

다섯째, 복스럽게 잘사는 길은 선정禪定이다. 선정은 정신통일의 경지로 복을 누리는 길이다.

아무리 복을 많이 짓고 받았다 하더라도 결국 복을 누리지 못하면 불행한 사람이 되고 만다. 설사 행복의 조건을 다 갖추었다 하더라도 불편하면 불행한 것이다.

소욕지족少欲知足이라, 항상 욕심을 줄이고 현실에 만족할 줄 알면 행복을 누릴 것이다.

언제나 마음을 성성적적惺惺寂寂하게 심일경성心一境性이 되도록 평정심平定心을 갖는 것이 복을 누리고 복스럽게 잘 사는 길이다.

여섯째, 복스럽게 잘 사는 길(道)은 지혜다. 지혜는 현실긍정現實肯定적 사고思考로 자기의 내면(몸과 마음)과 외면(주위환경)을 관찰하고 전체를 통찰하는 공적영지空寂靈智다. 그리고 지혜는 자기의 능력을 효과적으로 능률화하는 힘이다. 현실을 부정하거나 회피, 도피하는 사람은 언제나 자기 불만에 쌓여 불행할 수 밖에 없다. 생활은 호화(집) 사치(옷) 낭비(음식)하지 말고 근검勤儉 절약節約하며 베풀고 사는 것이 지혜로 복스럽게 잘 사는 길이다.

이상 보시, 지계, 인욕, 정진, 선정, 지혜는 이 세상(此岸)의 고해苦海를 건너 저 언덕(彼岸) 최고 이상理想의 세계로 도달(到彼岸)하는 대승보살도(大乘菩薩道 : 六波羅密)로서 복을 짓고 복을 받고 복을 누리는 길(道)이다.

소승불교의 잘 사는 길이 반야지혜로 파사현정破邪顯正해서 견성見性한다고 하면 대승불교의 잘 사는 길은 자비보시로 불국토를 건설하는 성불成佛이다. 결국 견성성불은 모든 불자들의 사명이요, 복스럽게 잘 사는 길이다.

멋지게
잘 사는 법

16

열여섯. 멋지게 잘 사는 법

멋은 겉으로 나타난 아름다운 모양새다. 옷이나 말이나 행동이 아름다운 사람은 물론 멋있는 사람이다. 그러나 힘이 없는 사람은 멋을 부릴 수 없다.

멋지게 잘 사는 법은 첫째가 체력體力이 좋아야 한다. 남자는 어깨가 떡 벌어지고 배도 좀 나오고 걸음걸이가 짱짱해야 하고, 여자는 가슴이 나오고 하반신이 떡 벌어져야 멋이 있다. 특히나 여자가 가슴이 없거나 하반신이 좁으면 아무리 옷을 잘 입어도 멋이 없다.

둘째, 멋지게 잘 사는 법은 상당한 정신력精神力이 있어야 한다. 정신일도精神一到 하사불성何事不成이라, 마음을 기울여 열중하면 안 되는 일이 없는 것이다. 정신력이 약하거나 흐리멍텅하면 되는 일이 없어서 잘 살 수가 없다. 위대한 정신력을 가진 사람이 멋지게 잘 살 수가 있다.

셋째, 멋지게 잘 사는 법은 재력財力이 좀 있어야 한다. 돈이 없으면 몸에 힘이 빠진다. 그러나 돈이 많으면 좋을 것 같지만 너무 많으면 머리가 복잡할 뿐만 아니라, 도둑이 많아 마음 편하게 잘 살 수가 없다.
생활에 필요한 만큼만 있으면 좋을 것이다.

넷째, 멋지게 잘 사는 법은 권력權力이 있어야 한다. 권력은 조직의 힘이다. 집안에 가장이나 회사에 사장이 권력이 약하면 밑에 식구나 직원들이 얕보고 명령을 해도 따르지 않는다.
옛날엔 아버지나 면장이 말 한마디만 해도 일이 척척 돌아갔다. 지금은 좋게 타이르고 야단을 해도 막무가내로 반항하지 않으면 다행이다. 민주주의가 좋기는 하지만 권위가 없어져 큰 일이다.

다섯째, 멋지게 잘 사는 법은 매력魅力이 있어야 한다. 다른 사람의 마음을 은근히 끄는 힘이 매력이다. 아무리 돈이 많고 권력이 있다 하더라도 매력이 없는 사람은 남들에게 인기가 없다.

지위나 재산이 부족한 사람일지라도 인정이 많고 덕이 있는 사람은 매력이 있어서 행복하게 잘 살 수가 있다.

어찌 됐든 모든 면에 있어서 힘이 있어야 잘 살 수가 있다.

사바세계는 업력대결業力對決이라, 힘의 논리를 알면 힘을 길러야 한다.

힘을 기르는 방법은 첫째가 믿는 마음(信心)이다.

신위도원공덕모信爲道源功德母요, 장양일체제선근長養一切諸善根이라. 믿음이 도의 근원이고 공덕의 모체가 되며 일체 모든 선근을 기른다는 것이다.

모든 일에 있어서 믿음이 없으면 되는 일이 없다. 우선 자기 자신을 믿고 남을 신뢰함으로써 사회가 형성이 된다.

가장 가까운 가족들끼리도 서로 믿어야 화목하고 친구사이도 믿음이 있어야 화합이 된다. 믿음은 서로가 상대를 존중하고 배려할뿐만 아니라 정직하게 살면 된다.

바른 신심信心은 긍정적 사고를 만들고 긍적적인 사고는 지혜智慧를 만든다. 반대로 불신不信은 부정적否定的 사고思考로 어리석은 마음(痴心)을 만들어 모든 일을 그르치게 한다.

다시 말하면 어리석은 마음은 지혜가 없기 때문에 탐·진·만·의(貪瞋慢疑)로 잘못되면 시기·질투·모략·음모로 자기 스스로 망할 뿐만 아니라 사회나 국가를 망치게 한다.

대화만사성大和萬事成이라, 크게 화합하면 모든 일이 성취가 된다는 말은 생활의 진리다. 평화의 원동력이 화합인데 화합의 근본은 합심(合心)이고 합심의 바탕은 믿는 마음(信心)이다. 천당과 극락도 믿는 마음(信仰心)으로 간다. 믿는 마음이 없는 사람은 중심(中心)이 없기 때문에 업보業報로 윤회輪廻 바퀴에 걸려 고통을 받을 수 밖에 없다.

둘째, 힘을 기르는 방법은 정진精進을 해야 한다. 무슨 일이나 성공을 하기 위해서는 노력을 해야 한다. 노력은 성공의 어머니라고 하지 않는가. 힘은 쓸수록 나온다. 이 말은 평범한 진리다. 몸을 너무 아낀다든지 게으르면 힘이 생기지 않는다.

지성이면 감천(至誠感天)이라, 무슨 일이든지 지극 정성으로 밀어붙이면 안 되는 일이 없다. 일반 사회생활도 그렇지만 열반(涅槃)을 향해 수행하는 승려는 말할 것도 없이 정진바라밀精進波羅蜜을 해야 한다.

셋째, 힘을 기르는 방법은 염력念力이다. 염력은 과거 현재 미래로 다 통한다.

과거생각은 억념(憶念 : 追憶 · 記憶)이라 하고, 현재생각은 사념(思念 : 思考 · 思惟)이라 하며, 미래생각은 상념(想念 : 想想 · 理想)이라 한다. 삼세三世의 생각은 분별력分別力으로 힘이 빠지지만 일념一念은 무량겁無量劫에 통할 뿐만 아니라 염염보리심念念菩提心으로 해탈解脫하며 열반涅槃에 들도록 하는 힘이 있다.

넷째, 힘을 기르는 방법은 정력定力이다. 정력은 분별망상을 그치止고 선정삼매禪定三昧에 들면 마음이 안정되어 생기는 힘이다. 선정삼매는 몸의 자세에 따라 좌선坐禪과 행선行禪 그리고 와선臥禪이 있고, 마음 씀에 따라 묵조선黙照禪과 간화선看話禪이 있다. 또 형식에 따라 간경삼매看經三昧, 염불삼매念佛三昧, 주력삼매呪力三昧, 기도삼매祈禱三昧, 사사삼매事事三昧, 관법觀法 등 많은 방법이 있다. 선정삼매가 되면 몸과 마음이 하나가 되고 주관과 객관이 없어지는 경지打成一片가 되어 성성적적(공적영지)해서 엄청난 힘이 생긴다.

다섯째, 힘을 기르는 방법은 혜(慧力)이다.

지혜^{智慧}는 현실긍정적 사고^{思考}라 한다. 현실을 부정하거나 의심만 하면 지혜가 나오질 않아 판단력이 없다.

반야^(智慧)는 관조반야^{觀照般若}와 실상반야^{實相般若}가 있는데 전자는 관찰지^{觀察智}이고 후자는 직관지^{直觀智}이다.

선정삼매를 얻어 공적영지^{空寂靈智}가 되면 관조반야로서 관찰지가 되고 불성광명^{佛性光明}이 되면 실상반야로서 직관지가 된다.

이상 오력^(五力:信·進·念·定·慧)을 얻으면 소승불교의 수도과목인 37조도품^{三七助道品}을 이수하고 견성^(見性:自己完成)을 한 다음 대승불교의 수행방편^{修行方便}인 육바라밀^{六波羅密}과 십바라밀, 사무량심^(四無量心 : 자비희사) 육화경^{六和敬} 등으로 성불^(成佛 : 社會完成)을 하게 된다.

승속^{僧俗} 간에 불자의 사명은 상구보리^{上求菩提} 하화중생^{下化衆生}이니 신·진·염·정·혜^(信進念定慧) 오력을 길러서 참으로 잘 먹고 잘 사는 법을 실천하기 바란다.

더불어 이쁘게
잘 사는 법

17

열 일곱. 더불어 이쁘게 잘 사는 법

더불어 이쁘게 잘 사는 법은 육화경(六和敬 : 精神)과 사섭법(四攝法)이다. 일반 사회생활이나 특수 단체생활이나 서로 모여서 더불어 잘 사는 법은 여섯 가지로 화합(和合)하고 경애(敬愛)하는 것이 제일이다.

'뭉치면 살고 헤어지면 죽는다' 는 말은 영원히 변치 않는 사회생활의 진리다. 그리고 부모님께 효도하고 윗사람을 존경하며 처와 자식을 사랑하고 아랫사람을 정답게 배려하는 것은 인간관계의 기본적인 질서다.

인연이 있으면 생기고 인연이 없으면 죽는 것은 우주만유(宇宙萬有)의 생성원리인 연기법(緣起法)으로 화합이 모든 존재(生命)의 원동력이다. 그러면 모든 사람들이 함께 뭉쳐서 더불어 잘 사는 법이 무엇인가?

첫째, 더불어 잘 사는 법은 신화동주身和同住다. 몸으로 화합하는데 있어서 반드시 함께 거주해야 한다는 뜻이다. 생각이나 말로만 화합을 아무리 강조해도 효과가 없다. 가장 가까운 부부나 형제간이나 친구라도 서로 만나지 않고 떨어져 살면 모든 일이 이뤄지지 않는다.

가장 중요한 자식농사만 하더라도 부부가 한 방에서 같은 침대를 써야 아들이나 딸을 낳는 것이지 결혼 하자마자 외국에 가서 전화로만 사랑한다고 하면 무슨 소용이 있겠는가?

친구끼리도 가끔 서로 의견이 맞지 않아 티격태격 하더라도 자주 만나서 악수하고 차라도 한 잔 하면 풀리고 일을 하다 보면 미운 정 고운 정 들어서 화합하여 사업이 잘 되고 더불어 잘 살게 된다.

둘째, 더불어 잘 사는 법은 구화무쟁口和無諍이다. 입으로 화합하는데 절대로 말다툼을 하지 말아야 한다.

이 세상은 빛과 소리가 서로 부딪쳐 향香과 맛(味)이 다르게 나는데 인간세계는 입을 통해서 나오는 말소리가 상호관계를 친화親和시키기도 하고 불화不和의 원인이 되기도 한다. 말 한 마디로 천 냥 빚을 갚기도 하지만 한마디 말을 잘못해서 형제간에도 불구대천不俱戴天의 원수怨讐가 되기도 한다. 말같이

더불어 이쁘게 잘 사는 법

좋고 무서운 것도 없다.

그래서 옛날부터 구시화문口是禍門이라, 입이 방정이요 화의 문이라 했던 것이다.

우리는 항상 입을 무겁게 놀리고 상대의 마음을 즐겁게 해서 더불어 잘 사는 법을 실천해야 한다.

셋째, 더불어 잘사는 법은 의화동지意和同志다. 마음으로 화합 하는데 있어서는 뜻이 같은 동지를 얻어야 한다.

'백짓장도 맞들면 가볍다' 는 말은 뜻이 맞는 행동이다. 작은 일이나 큰일이나 간에 서로 뜻이 맞으면 성공하는 것이고 상 호간에 뜻이 맞지 않으면 큰 재산도 파산이 되고 만다.

특히 나라 일을 도모하는 정치인들은 자기 동지들끼리 화합 해야 하고 수도하는 스님들도 개성이 다르고 출신이 다르지 만 화합을 숭상하는 화상和尙이 되어야 한다. 요즘 스님들은 스스로 님이라 자부하는 것은 좋지만 승가의 기본 정신(和合 僧)을 잊어서는 안 될 것이다.

넷째, 더불어 잘 사는 법은 견화동해見和同解다. 몸으로써 화합 하는데 있어서는 이해를 같이 해야 한다는 뜻이다. 무슨 일을 하던지 견해가 같으면 화합이 잘 되고 성공할 수 있다.

사람은 누구나 다 자기가 아는 지식과 경험이 다르기 때문에 견해가 다르다. 자기의 고정관념을 벗어나지 못한 사람은 항상 자신의 의견만 옳다고 주장해 독선주의자로 전락하고 만다. 자기의 선입견이나 고정관념은 가끔 오해하거나 상대방의 의견을 무시하기가 쉽다.

설사 자기의 견해가 옳고 상대가 잘못된 견해라 하더라도 지나치게 자기의 의견을 주장하거나 고집하면 화합이 안 되고 더불어 잘 살수가 없다. 우리는 어떤 경우나 처지라도 상대방을 항상 이해하고 인격을 존중해 화합하고 더불어 잘 살아야 한다.

다섯째, 더불어 잘 사는 법은 계화동준戒和同遵이다. 계화동준은 계로써 화합하는데 있어서 함께 계율을 준수해야 한다는 말이다. 크나 작으나 모든 단체는 기준이 있어야 화합이 잘 되고 더불어 잘 살수가 있다. 특히 종교단체는 계율戒律이 화합의 기준이고 일반 사회단체는 규율規律이 화합의 기준이고 국가는 법률法律이 기강紀綱이다.

단 화합을 위해서는 계율을 범하는 것도 가可하다. 지범개차

더불어 이쁘게 잘 사는 법

持犯開遮라, 옛날부터 절집에 내려오는 전통 가운데 '대중이 원하면 소도 잡아먹는다' 는 얘기가 있다.

더불어 잘 사는 방법은 화합이 제일이기 때문이다.

여섯째, 더불어 잘 사는 법은 이화동균利和同均이다. 이화동균이란 이익을 가지고 화합하는데 있어서는 서로가 함께 이익을 균등하게 나눠 가져야 화합이 된다는 뜻이다.

모든 사업의 결과는 손해損害와 이익利益이 따르기 마련인데 그 손익을 함께 나눠야 한다는 것이다. 요즘 사회문제로 노사분규가 자주 생기는 것은 이화동균의 화합정신을 모르기 때문이다.

또 이쁘게 잘 사는 법이 있다. 그것은 사섭법四攝法으로 사교생활社交生活의 진리다. 우리는 가끔 복잡한 사회가 싫어서 혼자 살고 싶은 때가 있다. 그러나 세상살이는 그렇게 마음대로 쉽게 이루어지지 않는다.

출가한 승려도 입산수도入山修道한다고 하지만 스승과 도반道伴이 있어야 하고 시주자(施主者 : 신도)가 있어야 의식주가 해결이 된다. 다시 말하면 주고 받는 사교가 절대적으로 필요한 것이다.

사교란 상대방을 자기편으로 포섭하여 덕을 보는 것이다.

첫째가 보시섭布施攝이다. 보시섭이란 상대가 좋아하고 원하는 것을 먼저 베풀어 줌으로써 호감을 가지고 자기에게 유리한 사람이 되도록 포섭하는 것이다. 처음부터 자기 이익만 추구하는 사교는 성립되지 않는다. 반드시 남에게 이익을 주고 자기가 손해를 보는 생활이 이쁘게 더불어 잘사는 법이다.

둘째, 이쁘게 잘 사는 법은 애어섭愛語攝이다. 애어섭이란 부드럽고 사랑스런 말로 상대방을 포섭하는 사교술이다.

사교하는 사람이 무뚝뚝하고 듣기 싫게 말을 명령조로 하면 될 일도 안된다. 같은 말이면 '어' 다르고 '아' 다른데, 듣기 좋고 쓰기 좋은 말로 상대의 마음을 기쁘게 해야 사교에 성공할 수 있다. 그렇다고 감언이설甘言利說로 남을 유혹하는 말은 사교에 쓰면 안된다. 바른 말(正語)을 정답게 하는 것이 이쁘게 더불어 잘 사는 법이다.

셋째, 이쁘게 잘 사는 법은 이행섭利行攝이다. 이행섭은 남에게 이익을 주는 행동을 함으로써 자기 사람 만드는 사교 방법이다.

사람은 누구나 다 이익을 좋아하지 손해 보기를 좋아하는 사람은 없다. 큰일을 할 사람은 언제나 물질적으로 손해를 보더라도 좋은 사람을 얻도록 힘써야 한다. 자기도 이롭고 남도 이로운 것(自利利他)이 좋지만 항상 자기보다 남에게 이익을 주는 배려配慮가 이쁘게 잘 사는 법이다.

넷째, 이쁘게 잘 사는 법은 동사섭同事攝이다. 동사섭은 일을 하는데 있어 함께 함으로써 상대를 포섭하는 법이다.

재산이 많은 사람이나 지위가 높은 사람은 일을 시키기는 해도 직접 하지는 않는다. 또 어떤 사람은 일을 따라서는 해도 앞서 나갈 줄은 모른다.

그러나 훌륭한 지도자는 솔선수범하고 일을 함께 하면서 즐기는 가운데 많은 사람들을 포섭한다. 함께 섬기면서(同事) 이쁘게 잘 사는 것이 동사섭이다.

이상 육화경六和敬과 사섭법四攝法은 사회생활을 하는데 있어 더불어 이쁘게 잘 사는 법이다.

잘 먹고
잘 사는 법

18

열여덟. 잘 먹고 잘 사는 법

금강산도 식후경이요(金剛山食後景)

세상만사 식후사로다(世上萬事食後事)

南無 阿彌陀佛

이새 저새 해도 먹새가 제일이다.

모든 중생은 먹는 것이 가장 큰일이다. 살기 위해서 먹는 것인데 먹기 위해서 사는 것 같은 생각이 들 때도 있다. 잘 살고 못 사는 것은 먹는 데 달렸다. 사람이 아무리 큰 소리쳐도 먹으면 살고 안 먹으면 죽는다.

그러면 무엇을 어떻게 먹어야 할 것인가?

첫째, 마음을 잘 먹어야 한다.

그러면 마음이란 무엇인가?

숨길따라 가는 길

우리 인간의 몸은 소우주小宇宙라 하고, 마음은 대우주(大宇宙 : Mahaom)라 한다. 영어로 마인드(mind) 큰 인드라망(因羅網)이란 뜻이다.

옛날에는 마음을 선·악(善惡) 둘로 나눠 맹자孟子는 성선설性善說을 주장하고 순자荀子는 성악설性惡說을 주장했다.

불교는 마음을 선·악·무기(善惡無己) 셋으로 나누고 기신론起信論에서는 6·7·8식識이라 하며 현대 심리학은 프로이드(S.Freud) 말대로 지·정·의(知情意) 삼자라 한다.

그리고 중생의 마음은 탐·진·치(貪瞋痴)이고, 범인凡人의 마음은 지·정·의며, 현인賢人의 마음은 진·선·미(眞善美)라 하고, 성인聖人의 마음은 청정·원만·중묘(淸淨 圓滿 衆妙) 등 네 가지 종류가 있다.

또 일반적으로 마음을 크다 ·넓다·깊다· 높다· 깨끗하다고 다섯 가지로 말한다. 마음이 크다는 말은 마음의 주인공인 영靈이 크다는 말이다. 심령이 얼마나 큰 지는 기준이 없다. 그 사람에 따라서 다르기 때문이다. 그리고 마음이 넓다는 말은 심량心量을 말하는데 쓰기는 아량雅量이 넓다고 한다. 또 마음이 깊다는 말은 심사숙고深思熟考라, 생각이 깊다는 뜻이다. 마음이 높다는 말은 잘 쓰지 않고 뜻(心志)이 높다고 한다.

마음이 깨끗하다는 말은 심성心性을 뜻한다. 심성은 타고난 그 사람의 본성本性이다.

이렇게 많은 뜻의 마음은 사람마다 그 차원이 다르고 수준이 다르다. 본마음(本心)은 다 똑같은데 상황에 따라 욕심欲心이 나면 본각本覺이 의욕意欲에 따라 파생派生되어 이 생각 저 생각 오만가지 생각生覺이 난다. 본각이 제8식(아뢰야식)이라고 하면 의욕意欲은 제7식(末那識)이고 생각은 제6식識이다.

다시 말하면 마음의 주체를 본각(本覺 : 覺靈)이라고 하면 그 중간의 작용은 뜻(意 · 志 · 情)이고 그 결과는 생각(念 · 思 · 想 · 憶)이다. 어찌됐든 마음을 먹으면 생각이 나오고 사람은 누구나 다 그 생각에 따라서 말하고 행동을 하기 때문에 파스칼은 인간은 생각하는 갈대라 했고, 일체유심조一切唯心造라 하는 것이다. 참마음을 먹고 참답게 살면 잘 사는 것이고 나쁜 마음(貪瞋痴)을 먹고 심성이 바르지 못하면 잘못 사는 것이다.

둘째, 밥을 잘 먹고 잘 살아야 한다. 밥은 바른 직업을 가지고 정당하게 벌어서 먹어야 한다. 거저먹는다든지 얻어먹으면 거지(乞人)가 된다. 그리고 남의 돈이나 물건을 훔치거나 착취

하면 안 된다. 게다가 도적의 등을 쳐서 먹으면 더더욱 안 된다.

특히 공직자들이 국가 돈이나 남의 재산을 부당하게 횡령하거나 편법으로 가로채는 사람은 잘못 사는 것이다. 또 빌어서 먹는 성직자들이 권위를 세우고 먹는 것은 큰 잘못이다. 어디까지나 수행자는 하심下心하고 겸손해야 잘 사는 것이다. 밥을 잘 먹고 잘 사는 것은 자기 양에 맞춰서 골고루 오래오래 씹어서 먹어야 한다. 또 때를 맞춰 두 끼(巳時, 酉時) 아니면 세 끼(아침, 점심, 저녁) 시간을 맞춰 먹고 가급적 간식은 피하는 것이 좋다. 과식은 절대 금물이다. 밥을 먹으면 무엇이 나오는가? 에너지 즉 힘(精力)이 나온다.

셋째, 물을 잘 먹어야 한다. 물은 한마디로 생명수生命水라고 한다. 우리 몸에 물이 70%가 넘으니 그렇게 말할 수밖에 없다. 우리가 먹기에 가장 좋은 물은 청정淸淨한 자연수가 으뜸이고 다음은 질이 좋은 지하수地下水이며 기계로 작업한 정화수淨化水가 좋다.

그리고 물은 시도 때도 없이 몸이 원하는대로 많이 먹어도 좋다. 하지만 물이 너무 뜨겁거나 차면 안되고 적당한 음양탕이 좋다. 가공한 물이나 술은 삼가는 것이 좋다. 물을 잘 먹으면 좋은 피와 정액이 생긴다.

넷째, 공기를 잘 마셔야 한다. 밥은 한 달 먹지 않아도 살고 물은 일주일 안 마셔도 살지만 공기는 10분만 못 마시면 죽는다. 사람은 누구나 태어나서 죽을 때까지 공기 속에서 살고 공기를 마시고 산다.

그런데 공기를 어떻게 마시고 어떻게 내쉬는지 호흡법을 잘 모른다. 몰라도 잘 사는 것은 청정한 공기 속에서 자연호흡을 하기 때문이다. 폐肺로 하는 흉식호흡胸息呼吸은 짧고 배로 하는 복식호흡腹息呼吸은 길다.

특히 단전호흡丹田呼吸은 나가는 숨을 길게(長出息) 함으로써 성단成丹이 되는데 입태入胎 또는 성태成胎라고 한다. 성단 과정이 백일百日 걸리는데 그동안은 절대로 주색잡기酒色雜技를 말아야 하고 순수한 마음으로 준자오시(准子午時 : 오전9시 오후10시)에 30분씩 단전호흡을 해야 한다. 혹 마시(魔時 : 辰戌丑未)에 단전호흡을 하면 마구니(魔鬼)가 된다.

천일千日을 선정력으로 성태장양聖胎長養하면 아라한(賢人)이 되고 또 만일萬日을 하면 성인聖人이 된다. 그 대표적인 인물이 석가모니부처님이다. 어찌됐든 공기를 잘 마시면 좋은 정기

精氣가 나온다.

다섯째, 나이를 잘 먹어야 한다. 나이가 많든 적든 더 먹을 나이가 없으면 죽는다.

먹기 싫어도 먹는 것이 나이다. 사람이 나이를 많이 먹는 것이 좋은 것은 아니다. 나이를 적게 먹어도 자기 할 일을 하고 영혼을 키우고 가면 잘 산 것이다.

영혼은 무엇을 먹고 사는가? 영은 사람의 양심良心을 먹고 큰다. 불량不良한 마음을 먹으면 즉시 영대靈臺가 꺾어진다. 양심은 자기 스스로 선언하기 때문에 남은 속여도 자기는 속이지 못한다.

양심을 살리는 길은 정직하게 사는 것이다. 정직한 삶은 자기의 책임을 다하는 것이고, 책임은 자기의 본분을 지키는 것이다. 아버지의 본분은 아버지의 책임이고 아들의 책임은 아들의 본분이다. 스승의 본분은 스승의 책임이고 학생의 책임은 학생의 본분이다. 자기의 책임을 지키는 것은 자기의 본분을 다하기 때문에 분수分守를 지킨다고 말한다.

자기의 능력을 헤아리는 것은 분수分數라 하고 분위기를 따라 하는 것은 분수分隨라 한다. 무엇이든지 자기의 능력에 따라

해야지 지나친 것은 분수를 지킬 수가 없다.

나이를 잘 먹으면 인생의 지혜가 나온다. 마음을 크게 넓게 깊게 높게 깨끗하게 먹기 때문이다. 밥을 잘 먹고 물도 잘 마시고 공기도 잘 마시며 잘 살아야 한다.

잘 안 먹고 잘 사는 법도 있다.

석가모니부처님은 49일, 예수님은 40일 단식을 하고 공자님은 가난해서 굶기를 밥 먹듯 했다고 하며, 소크라테스는 마누라 덕에 굶고 다니다 깨닫고 노자님은 소식가小食家다.

이상 5대 성인들은 2천년 전에 잘 안(못) 먹고 훌륭한 성인이 되었다. 2천년 이후 농경사회부터는 너무 잘 먹고 활발한 신진대사를 했기 때문에 정액이 정기로, 정기가 정신에너지로 승화할 수가 없어 현인 밖에 나오질 못한 것이다.

절집에서 '기한飢寒에 발도심發道心'이란 말이 있다. 춥고 배고프게 살면서 수도해야 한다는 뜻이다.

숨길따라 가는 길

인간과 인류의
삼대 목표

19

열 아홉. 인간과 인류의 삼대 목표

인간의 삼대목표는 진眞 · 선善 · 미美이고, 인류의 삼대목표
는 자유自由 · 평등平等 · 평화平和다.

사람은 누구나 다 자기가 진실하고 선량하며 아름답다고 생
각한다. 그러나 그 사람의 말과 행동이 바른 사람은 지성인知
性人이고 의지意志의 인간이며 정서情緒가 풍부한 사람이다.

지금 세상이 아무리 변했다 하더라도 정신세계를 창조하는
문화인들을 보면 훌륭한 사람들이 곳곳에 많이 있다.

그래서 우리는 희망과 용기를 가지고 지혜롭게 인간의 삼대
목표인 진선미를 향해 잘 참고 정진精進해야 한다.

그리고 인류의 삼대목표인 자유 · 평등 · 평화를 위해 일로
매진해야 한다. 모든 사람들은 개인의 자유와 인간관계의 평
등을 주장하고 전체 인류의 평화를 희망하고 있다.

숨길따라 가는 길

자유는 자주 · 자조 · 자립(自主自助自立) 삼자정신으로 자력自力
이 있어야 한다. 개인이나 사회나 국가나 이 세상 모든 존재
는 자생능력이 있어야만 자유가 보장된다.

진정한 의미에서 자유는 자업자득自業自得이며 세상만사가 자
기로 말미암아 자기유래自己由來 되기도 하고 안 되기도 한다.
게다가 개인의 자유는 생각뿐이고 말과 행동은 반드시 책임
이 뒤따른다는 사실을 잊어서는 안 된다.

어려서 힘이 없을 때는 부모님과 남을 의지해 살지만 성년成
年이 되어서는 떳떳하게 독립해 살아야 한다.

인간의 상호관계는 절대 평등이다. 사람 위에 사람 없고 사
람 밑에 사람 없다는 말은 누구나 다 같은 인격이 있고 권력
이 있다는 말이다. 돈이 있고 없고 지위가 높고 낮고 간에 남
을 차별하거나 무시하면 누구나 다 싫어한다. '지렁이도 밟
으면 꿈틀한다' 는 옛말이 있다.

부처님께서 모든 중생이 다 불성佛性이 있다고 하시고, 평등
법平等法을 다자탑 앞에서 전하실 때 제자인 가섭迦葉존자와 나
란히 앉은 사실이 있다. 하지만 지금도 사진을 찍을 때 말고
는 스승과 제자가 나란히 앉기는 어려운 일이다. 이것을 다
자탑전의 분반좌(多子塔前分半座)라 하는데, 함허 득통涵虛得通선

사께서는 금강경오가해설의 金剛經五家解說誼에서 "평등성중무피차平等性中無彼此"라 하시어 부처님도 코는 밑으로 처지고 눈은 옆으로 째졌으며 모든 사람들도 다 눈은 옆으로 찢어지고 코는 밑으로 처졌다고 했다.

개인은 자유롭고 상호관계는 평등해야 인류 전체가 평화롭게 잘 살수가 있다. 그런데 가정이나 사회나 국가는 물론 온 세계가 평화롭게 행복을 누리려면 어떻게 해야 할 것인가?
조직이 크고 작고에 상관없이 평화는 화합和合을 해야 한다.
사상적 이념이나 종교적 갈등은 가정은 물론 국민 화합을 저해하는 문제라고 생각한다.
'뭉치면 살고 흩어지면 죽는다'는 연기법의 현실을 직시하는 지성知性이 필요한 시대가 아닌가 싶다.
그러면 화합은 어떻게 해야 하는가? 화합은 합심合心을 해야 한다. 모든 것의 근본은 마음이기 때문에 무엇보다도 모든 사람의 마음이 하나로 뭉쳐야 한다.
합심은 또 어떻게 해야 하는가? 마음이 하나가 되려면 심리心理 상태가 좋아야 한다. 남이 잘 되면 함께 기뻐해 주고 남이 잘못 되면 같이 걱정해 주는 심리(심보)를 가져야 한다. 다른 사람을 시기하거나 질투하면 본인의 심기도 불편해지는 것을 깨달아야 한다.

심리가 좋으려면 어떻게 해야 하는가? 역지사지易地思之라, 처지를 바꿔서 생각하고 상대방의 입장을 이해理解해야 한다. 상호 간에 이해를 못하면 오해가 생겨 사고가 나기 마련이다.

항상 남을 이해하려면 어떻게 해야 하는가? 근본적으로 남을 이해하려면 해탈解脫하는 것이 상책이다.

해탈은 자유를 얻는 방법인데, 무엇보다도 자기의 고정관념固定觀念을 버려야 한다. 누구든지 자기가 가장 옳다고 하는 생각이 자승자박自繩自縛인데, 그 탈 바구니를 벗어나야 한다. 그러면 어떻게 해야 해탈할 것인가? 해탈은 속물俗物의 근성을 버려야 한다. 속물이란 무엇인가? 속물은 세속世俗적 물욕을 말한다.

물욕은 물질에 대한 욕심인데, 이것 버리기가 쉬운 일이 아니다. 수도가 잘된 도인道人이나 성자聖者는 몰라도 보통사람은 욕심 버리는 것은 거의 불가능하다고 봐야 한다.

욕심은 자동적으로 탐심貪心을 일으키고 탐심대로 안 되면 진심嗔心이 일어나며 마침내는 어리석은 마음(癡心)은 중생의 삼독심三毒心으로 세상을 망치는 근본이 되는 것이다.

중생심의 뿌리인 욕심慾心만 없애면 그 사람은 현인이 되고 즉시 성인으로 승격이 된다.

따라서 물욕을 버리고 속물의 근성이 없어져 탈속하게 되고 해탈하여 이해하고 말 것이 없기 때문에 심리상태가 좋아 그 사람은 누구하고도 합심이 잘 되며 화합하여 평화를 이룰 수가 있다.

이 세상 모든 사람들이 자기(個人)완성을 위해 인간의 삼대목표인 진眞·선善·미美로 마음의 양식을 삼고, 사회완성을 위하여 인류의 삼대목표인 자유·평등·평화를 달성하는 것은 "일체유심조一切唯心造"라 각자의 마음먹기 달렸다.

우리 모두 한마음 한뜻으로 화합하여 행복하게 잘 살기 바란다.

불교
(미타)아리랑

20

스물. 불교(미타)아리랑

아리랑 아미타 아미타불
아리랑 고개를 넘어간다.
나도 모르고 가시는 님은
십리도 못가서 발병난다.

아리랑 아미타 아미타불
아리랑 고개를 넘어간다.
청천하늘엔 별도나 많은데
견성 못한 중생에겐 수심도 많다.

아리랑 아미타 아미타불
아리랑 고개를 넘어간다.
담양이라 마하무량사 아미타불을 보시요.
우리네 가슴엔 희망도 많다.

도세 도세 백팔번을 도세

나무 아미타불 관세음보살님.

아리랑은 범어(梵語)로 아리따운 낭군(郎君)이란 뜻이다. 다시 말
하면 신라 때 쓰던 말로, 꽃다운 낭군(花郎)을 아미타 부처님
같이 그리워서 부르는 말이다.

아리랑의 역사적 유래가 600년 전이라고 하는데 조선조 초
부터 서울(漢陽城)에 젊은 아낙네들이 남편을 잃고 미아리(彌阿
里) 공동묘를 찾아 아리랑 고개를 넘어 다니면서 부르던 〈나
무아미타불(南無阿彌陀佛)〉이 노래가 된 것이다.

아리따운 낭군이시여, 서방정토 극락세계 아미타부처님께
가소서! 그렇지 못하면 나를 모르고 가신 님은 십리도 못가
서 발병이나 나서 돌아오소서!

어찌보면 모든 사람들이 자기 자신도 깨닫지 못하고 피안의
언덕(彼岸 : 番美島)을 못가고 되돌아 와 윤회(輪廻)한다는 뜻이다.

아리랑 고개는 서울 특별시 성북구 돈암동에서 정릉동으로
넘어가는 고갯길이다. 고개를 넘으면 삼거리가 나오는데 왼
쪽은 정릉동이고 오른쪽은 길음동이다. 길음동 왼쪽 산비탈

불교(미타)아리랑

에 미아리 공동묘가 있었는데 매일 우는 소리가 그치지 않아서 길할 길ੁ 소리 음音자로 동네 이름을 길음동이라 한 것이다.

내가 처음 서울에 상주한 것은 1968년도 삼각산 동쪽 화계사華溪寺 밑 백상원白象院(동국대학교 종비생 기숙사)이었다. 4년간 통학하면서 미아리 고개를 넘어다니고, 길음동 법천암法天庵에서 조계사(조계종 총무원)를 13년, 정릉 4동 삼원사三元寺에서 13년 간 아리랑 고개를 넘어 다니면서 아리랑이란 뜻을 조금 알게 되었다.

특히 영화배우 이덕화씨 아버지 이예춘씨가 만든 영화 아리랑이 아리랑 고개에서 만들었다.

푸른 하늘에는 별들이 많은데, 많은 별들을 보면서도 자기 마음의 근본 심성心性을 깨닫지 못한 중생들의 가슴엔 노상 근심 걱정이 많다는 것이다.

아리랑의 원산지는 서울 아리랑 고개인데 정선아리랑 · 진도아리랑 · 밀양아리랑 · 만주아리랑이 생기고, 전라남도 천년고을 담양에 나는 마하무량사 아미타불을 모시고 담양아리랑을 만들었다.

무량대수無量大數가 가장 큰 숫자인데 절 중에 제일 큰 절 이름이 마하무량사다. 부처님 가운데 제일 큰 부처님은 대일여래大日如來 아미타불阿彌陀佛이고 보살 가운데 가장 원만한 보살은 대자대비大慈大悲 관세음보살觀世音菩薩님이다.

우리는 어렸을 때, 누구나 다 저녁 하늘의 별을 보고 '이 별은 나의 별, 저 별은 너의 별'이라고 손가락질 하면서 노래를 불렀다. 그 별이 칠성七星님을 통해 산신山神님을 거쳐 가신家神으로 왔을 때, 어머니 아버지가 우리를 만든 것이다.

그 별의 영기(聖靈) 수 천만억 개가 쏟아지는 가운데 4억 5천만분의 일(遺傳因子)로 우리는 행운아가 되어 이 세상에 태어난 것이다. 우리 인간은 누구나 다 부모님과 조상의 덕으로 생긴 영물靈物이다.

우리 인생의 목적은 만물의 영장靈長이 되는 것이다. 영이 크려면 정직正直해야 한다. 왜냐하면 영은 양심良心을 먹고 살기 때문이다. 욕심을 내서 거짓말을 하게 되면 양심선언良心宣言을 하기 때문에 피가 깨끗하지 못하고 즉시 영대靈臺가 꺾이는 것이다. 그래서 역사적으로 충신忠信이나 직언直言하다가 귀양간 사람들의 영이 빛나는 것이다.

도세 도세 백팔번을 도세
나무 아미타불 관세음 보살님

탑塔을 돌면서 백팔번百八番을 참회하고, 아미타 부처님께 귀
의하고, 관세음 보살님께 서원誓願하는 것이다.
아리랑은 범패에 가까운 창곡唱曲으로 해야지, 가요歌謠식으
로 하면 숨길이 퍼져서 정기精氣가 살아나지 못한다.

자연(道)은 절로절로

봄이 오면 꽃이 피고
여름이 오면 잎이 무성하고
가을이 오면 잎이 떨어지고
겨울이 오면 나무만 앙상하다.

사람이나 짐승이나 풀이나 나무나
숨길따라 살다가 숨길 끊어지면 간다.

빅뱅과 블랙홀이 우주의 숨길이고
들숨과 날숨이 인생의 길이다.

일년은 열두달 춘하추동 사시절
하루는 열두시간 한시간은 백이십분
생사生死는 찰라 사이 숨길따라 가고
생멸生滅은 한 찰라에 900생멸이라네.

요즘 사람들이 자칭 소우주小宇宙라고 하면서 자연을 정복한다고 하다가 보이지도 않는 코로나 바이러스에 걸려서 꼼짝 못하는 것을 보면 나 자신이 부끄럽다.

옛날에도 "하늘과 땅 사이에 나 홀로 높다天上天下唯我獨尊)."고 했지만 우주 대자연(道)은 한없이 크고 넓고 깊다. 그래서 일찍이 부처님께서 "우주의 근본진리는 무진연기無盡緣起(모든 것이 인연따라 생기는 것)라고 했다. 그리고 원효대사元曉大師께서도 자비보시慈悲布施는 곧 법왕자法王子라고 뭉치면 살고 헤어지면 죽는다는 화합정신을 설파하셨다.

절집(僧伽)에서 수행정진하는 승려를 화상和尙이라고 한 것은 자비심으로 화합을 숭상한다는 뜻이다.

불교(미타)아리랑

수행하는데 있어서 탁마琢磨하는 것은 좋지만 시기질투로 싸우고 양어가추揚於家醜(집안의 추한 부분을 들어 냄)는 자비문중慈悲門中의 화합정신을 망각한 행위다. 일반 사람들보다도 승려들의 싸움(淨化의 후유증)은 포교를 포기하는 짓이다.

부처님께서는 99명을 살인한 앙굴라마라도 받아주지 않았는가. 남의 잘못은 이해하고 용서하지만 자기 잘못은 숨기지 말고 참회해야 한다.

몸과 마음이 숨길을 따라 하나가 되면 살고 흩어지면 죽는다. 개인 가정이나 국가 사회가 화합하면 평화롭고 무자비하게 싸우면 망한다.

우리 다 같이 시간에 맞춰 장출식長出息과 단전호흡丹田呼吸을 하고 염불·참선·기도·주력을 하면서 수시로 고치叩齒·연진嚥津·토랍吐納·쿰박을 해서 숨길을 잘 살려가지고 훌륭한 숨틀을 만들어 완전한 사람(完人·聖人)이 됩시다.

삼귀의
(三歸依)

귀의불 양족존 (歸依佛 兩足尊)

귀의법 이욕존 (歸依法 離欲尊)

귀의승 중중존 (歸依僧 衆中尊)

거룩한 부처님께 귀의합니다.

거룩한 가르침에 귀의합니다.

거룩한 스님들께 귀의합니다.

마하반야바라밀다심경

(摩訶般若波羅蜜多心經)

觀自在菩薩 行深般若波羅蜜多時 照見五蘊皆空 度一切
관자재보살 행심반야바라밀다시 조견오온개공 도일체

苦厄 舍利子 色不異空 空不異色 色卽是空 空卽是色
고액 사리자 색불이공 공불이색 색즉시공 공즉시색

受想行識 亦復如是 舍利子 是諸法空相 不生不滅 不垢
수상행식 역부여시 사리자 시제법공상 불생불멸 불구

不淨 不增不減 是故 空中無色 無受想行識 無眼耳鼻舌
부정 부증불감 시고 공중무색 무수상행식 무안이비설

身意 無色聲香味觸法 無眼界 乃至無意識界 無無明 亦
신의 무색성향미촉법 무안계 내지무의식계 무무명 역

無無明盡 乃至無老死 亦無老死盡 無苦集滅道 無智亦
무무명진 내지무노사 역무노사진 무고집멸도 무지역

無得 以無所得故 菩提薩埵 依般若波羅蜜多 故心無罣
무득 이무소득고 보리살타 의반야바라밀다 고심무가

礙 無罣礙故 無有恐怖 遠離顚倒夢想 究竟涅槃 三世諸
애 무가애고 무유공포 원리전도몽상 구경열반 삼세제

佛 依般若波羅蜜多故 得阿耨多羅三藐三菩提 故知般若
불 의반야바라밀다고 득아뇩다라삼먁삼보리 고지반야

波羅蜜多　是大神呪　是大明呪　是無上呪　是無等等呪　能
바라밀다　시대신주　시대명주　시무상주　시무등등주　능

除一切苦　眞實不虛　故說般若波羅蜜多呪　卽說呪曰
제일체고　진실불허　고설반야바라밀다주　즉설주왈

揭諦揭諦　婆羅揭諦　婆羅僧揭諦　菩提　娑婆訶
아제아제　바라아제　바라승아제　모지　사바하 (3번)

법성게
(法性偈)

법성원융무이상
法性圓融無二相

제법부동본래적
諸法不動本來寂

무명무상절일체
無名無相絶一切

증지소지비여경
證智所知非餘境

진성심심극미묘
眞性甚深極微妙

불수자성수연성
不守自性隨緣成

일중일체다중일
一中一切多中一

일즉일체다즉일
一卽一切多卽一

일미진중함시방
一微塵中含十方

일체진중역여시
一切塵中亦如是

무량원겁즉일념
無量遠劫卽一念

일념즉시무량겁
一念卽是無量劫

구세십세호상즉
九世十世互相卽

잉불잡란격별성
仍不雜亂隔別成

초발심시변정각
初發心時便正覺

생사열반상공화
生死涅槃常共和

이사명연무분별
理事冥然無分別

십불보현대인경
十佛普賢大人境

능인해인삼매중
能仁海印三昧中

번출여의부사의
繁出如意不思議

우보익생만허공
雨寶益生滿虛空

중생수기득이익
衆生隨器得利益

시고행자환본제
是故行者還本際

파식망상필부득
叵息妄想必不得

무연선교착여의
無緣善巧捉如意

귀가수분득자량
歸家隨分得資糧

이다라니무진보
以陀羅尼無盡寶

장엄법계실보전
莊嚴法界實寶殿

궁좌실제중도상
窮坐實際中道床

구래부동명위불
舊來不動名爲佛

사홍서원

(四弘誓願)

중생무변서원도 (衆生無邊誓願度)

번뇌무진서원단 (煩惱無盡誓願斷)

법문무량서원학 (法門無量誓願學)

불도무상서원성 (佛道無上誓願成)

중생을 다 건지오리다.

번뇌를 다 끊으오리다.

법문을 다 배우오리다.

불도를 다 이루오리다.

숨길따라 가는 길

숨길따라 가는 길

인쇄 2022년 01월 20일
발행 2022년 02월 05일

지은이 여산 암도(如山 岩度)
발행처 대한불교조계종 마하무량사
주소 전남 담양군 담양읍 남촌길 21-121
전화 061-381-5020, 010-3612-0556

펴낸이 김윤희
펴낸곳 맑은소리맑은나라
디자인 김창미
출판등록 2000년 7월 10일 제 02-01-295 호
본사 부산광역시 중구 중앙대로 22 동방빌딩 4층
지사 서울특별시 용산구 한강대로 259 고려에이트리움 1613호
전화 051-255-0263 **팩스** 051-255-0953
이메일 puremind-ms@hanmail.net

값 20,000원
ISBN 978-89-94782-89-8 (03220)

시주 구좌 036-24-0208-161 국민은행 / 예금주 : 성환기(암도스님)